संजीव शाह

संजीव शाह 'ओएसिस मूवमेंट' (इंडिया) के संस्थापक सदस्य हैं। उन्होंने व्यक्तित्व निर्माण एवं सामाजिक विकास से सम्बन्धित 100 से अधिक पुस्तक-पुस्तिकाओं का लेखन किया है, जिनकी लगभग 20 लाख प्रतियाँ प्रकाशित हो चुकी हैं। अंग्रेजी तथा कई भारतीय भाषाओं में उनकी पुस्तकों के अनुवाद हुए हैं। वे विद्यार्थियों तथा विभिन्न सरकारी संस्थाओं के लिए लीडरशिप कार्यक्रमों के प्रशिक्षक रहे हैं। किशोरों और युवाओं के लिए उन्होंने सलाहकार व मार्गदर्शक की महती भूमिका निभाई है। आयुर्वेद, दर्शन व अध्यात्म में उनकी गहरी रुचि है।

ई-मेल : sanjiv@oasismovement.in

रेखा शर्मा

रेखा शर्मा श्रीमती आर.डी. शाह आर्ट्स एंड वी.डी. शाह कॉमर्स कॉलेज, अहमदाबाद में हिन्दी की अध्यापक रही हैं। वे साहित्य के अध्ययन-अध्यापन के साथ-साथ तुलनात्मक साहित्य और अनुवाद के क्षेत्र में भी सक्रिय हैं।

उर्मिला विश्वकर्मा

उर्मिला विश्वकर्मा पेशे से अध्यापक हैं। अनुवाद और लेखन के क्षेत्र में सक्रिय हैं। उनकी रचनाएँ विभिन्न पत्र-पत्रिकाओं में प्रकाशित हैं।

भावनाओं के तूफान में भी महक सकती है यह जिन्दगी!

संजीव शाह

अनुवाद

रेखा शर्मा

उर्मिला विश्वकर्मा

राजकमल पेपरबैक्स

राजकमल पेपरबैक्स में
पहला संस्करण : 2023

राजकमल पेपरबैक्स : उत्कृष्ट साहित्य के जनसुलभ संस्करण

राजकमल प्रकाशन प्रा.लि.
1-बी, नेताजी सुभाष मार्ग, दरियागंज
नई दिल्ली-110 002
द्वारा प्रकाशित

शाखाएँ : अशोक राजपथ, साइंस कॉलेज के सामने, पटना-800 006
पहली मंजिल, दरबारी बिल्डिंग, महात्मा गांधी मार्ग, प्रयागराज-211 001

वेबसाइट : www.rajkamalprakashan.com
ई-मेल : info@rajkamalprakashan.com

यश प्रिंटोग्राफिक्स
नोएडा-201 301 (उत्तर प्रदेश)
द्वारा मुद्रित

मूल्य : ₹150

BHAVNAON KE TOOFAN MEIN BHI
MAHAK SAKATI HAI YEH JINDAGI!
by Sanjiv Shah
Translated by Rekha Sharma, Urmila Vishwakarma

ISBN : 978-93-95737-92-0

बहनों को

हर व्यक्ति किसी-न-किसी प्रकार भावुक होता ही है।
परन्तु चरित्र निर्माण का अर्थ है—संवेदनशीलता का निर्माण।

क्रम

प्रस्तावना

भावनाएँ और चरित्र-निर्माण

हम सब यह भली-भाँति जानते हैं कि भावनाएँ हमारे जीवन के लिए कितनी महत्त्वपूर्ण हैं? भावनाओं से जुड़ी समस्याओं का सामना किसे नहीं करना पड़ता? प्रत्येक मनुष्य भीतर से भावुक होता ही है, चाहे वह अभिव्यक्त करे या न करे। भावनाएँ हमारे अस्तित्व का सूक्ष्म एवं प्रमुख अंश हैं।

समुद्री ज्वार-भाटे की तरह भावनाएँ हमारे भीतर हिलोरें लेती रहती हैं। ये भावनाएँ भी कितने विविध प्रकार की होती हैं—सुखद एवं दुखद; कभी गुदगुदाती हैं तो कभी जोर से दबाती-कुचलती हैं; कभी नचाती हैं तो कभी हताश करती हैं; कभी आसमान में उड़ाती हैं तो कभी पाताल में दफना देती हैं। सुखद भावनाएँ हमें प्रिय हैं और जिनसे ऐसी मनपसन्द भावनाएँ उत्पन्न होती हैं, उनसे जुड़ी वस्तुओं, व्यक्तियों एवं घटनाओं की हम कामना करते रहते हैं। जो भावनाएँ दुखद हैं, जिन्हें सहन करना मुश्किल है, उनसे जुड़ी वस्तुओं, व्यक्तियों और घटनाओं को हम टालते रहते हैं, परन्तु ये चीजें सदैव हमारे हाथ में नहीं होतीं और इसलिए उनमें से पुनः आरम्भ होती है—भावनाओं की शृंखला। सुख की अपेक्षा पूरी न हो तो भी उसमें से निराशा एवं दुःख उपजता है।

भावनाओं का विषय जटिल एवं गहन है। अचानक कोई आत्महत्या करे तो बाद में हम कल्पना कर सकते हैं कि उसके मन में भावनाओं का कैसा संघर्ष चल रहा होगा जो उसका हृदय सहन न कर सका! भावनाओं के क्षणिक आवेश के पल में लिया गया निर्णय ऐसी भूल हो सकती है, जिसे सुधारने में शायद कई साल निकल जाएँ तो कई उपलब्धियाँ अथवा सफलता की भावनाएँ ऐसी होती हैं जो वर्षों और दशकों तक मनुष्य से पुरुषार्थ करवाएँ। मनुष्यों में परस्पर विरोधी भावनाएँ भी होती हैं जिनसे उनके मन में भयंकर तनाव उत्पन्न होते हैं जैसेकि वह कभी किसी व्यक्ति के साथ रह भी नहीं सकता और उसे छोड़ भी नहीं सकता। और ऐसी परिस्थितियाँ अनेक बार मनुष्य को बरबाद कर देती हैं।

अध्यात्म में कहा जाता है कि विचार की भाँति ही भावना एक विकार है। वह निरन्तर परिवर्तनशील है, उत्तेजक है। साथ ही वह वृत्तियों से जुड़ी हुई है जैसेकि हम गुस्से की भावना अनुभव करते हैं, जो क्रोध वृत्ति से जुड़ी है। इसलिए मनुष्य इन भावनाओं को समझ सके, उन्हें नियंत्रित कर सके और उनसे परिचालित होने या उनमें बह जाने की बजाय स्वयं उन्हें काबू में रख सके, यह सार्थक जीवन जीने की एक आवश्यक शर्त बन जाती है। यदि हम भावुकता पर विजय प्राप्त करें तो हमारा जीवन आनन्दमय बन जाता है। यदि इतनी-सी बात हमारी समझ में नहीं आती हो तो हमारे भीतर की भावनाओं का तूफान कभी-कभी अत्यन्त पीड़ादायक बन सकता है। एक आम आदमी को इसके बारे में ज्ञान और मार्गदर्शन आज भी सुलभ नहीं है। इस पुस्तक का उद्देश्य उस अभाव की पूर्ति करना है।

इस पुस्तक को दो भागों में विभाजित किया गया है। पहले भाग में भावनाओं को समझने के लिए मूलभूत मार्गदर्शन का समावेश

है। भावुकता क्या है, वह संवेदनशीलता से किस प्रकार भिन्न है, भावनाओं का निर्माण कैसे हो सकता है, चरित्र-निर्माण के साथ उनका क्या सम्बन्ध है...इन सबका सरल विवरण इस भाग में है। दूसरे भाग में कुछ सामान्य भावनाओं को वैज्ञानिक रीति से समझने के लिए मार्गदर्शन दिया गया है। सुख यानी क्या, दुःख किसे कहते हैं, क्रोध-डिप्रेशन-अपराधबोध-ईर्ष्या-लोभ इत्यादि क्या हैं, उनकी समझ पाठकों के लिए अवश्य ही सहायक होगी।

प्रत्येक मनुष्य भीतर से भावुक होता ही है, चाहे वह अभिव्यक्त करे या न करे। भावनाएँ हमारे अस्तित्व का सूक्ष्म एवं प्रमुख अंश हैं। यदि हम भावुकता पर विजय प्राप्त करें तो हमारा जीवन आनन्दमय बन जाता है। इतनी-सी बात हमारी समझ में नहीं आती तब कभी-कभी हमारे भीतर की भावनाओं का तूफान अत्यन्त पीड़ादायक बन सकता है। इस निरीक्षण से प्रस्तुत चिन्तनगुटिका जन्मी है।

मूल गुजराती में लिखी यह पुस्तक हिन्दी में प्रस्तुत हो रही है इस अवसर पर में रेखाबहन का आभार मानना चाहूँगा। लेखक के मूल सृजन को, उसके मर्म और भाव को दिलोदिमाग से पकड़ना और दूसरी भाषा में इतने सुन्दर ढंग से व्यक्त करना—रेखा बहन की यह प्रतिभा और कला का यह पुस्तिका एक निदर्शन है। उनका में अपनी और हिन्दीभाषी पाठकों की और से ऋणस्वीकार करता हूँ। मेरे मित्र श्री प्रदीप शर्मा के प्रति में गहरी कृतज्ञता अनुभव करता हूँ, जिनकी अद्वितीय प्रतिबद्धता के कारण ही इस पुस्तक की सृजन प्रक्रिया सम्भव हो सकी।

श्री रजनीकान्त कटारिया जिन्होंने पुनः पुनः इस पुस्तिका का पठन करके अत्यन्त मूल्यवान सुझाव दिए, उनके प्रति भी में आभार का भाव अनुभव कर रहा हूँ। यह पुस्तिका उनके प्रेम और लगाव

से सराबोर है। एक सर्जक के नाते मेरे लिए यह बहुत आनन्ददायक बात रही है। यह विनम्र आशा है की स्वविकास के इच्छुक सभी के लिए यह लघु-पुस्तक सहायक सिद्ध होगी।

आशा है कि इस पुस्तक में भावनाओं के बारे में दिया गया वैज्ञानिक मार्गदर्शन स्वविकास के इच्छुक सभी के लिए सहायक सिद्ध होगा।

—संजीव शाह

भावनाएँ : परेशानियाँ और हल

भावुकता क्या है?

- भावना क्या है?
- भावुक होने का अर्थ क्या है
- क्या प्रत्येक व्यक्ति भावुक नहीं होता?
- भावनाएँ नियंत्रण में क्यों नहीं रहतीं?

भावनाएँ मनुष्यमात्र के जीवन की वास्तविकता हैं।

भावुकता के कारण ज्यादा परेशान होनेवाले व्यक्तियों को
कभी-कभी अपनी ही भावुकता के प्रति घृणा हो जाती है।
मेरे स्वभाव में इतनी भावुकता न होती,
तो मुझे इतना परेशान नहीं होना पड़ता।
अगर ऐसा लगता हो तो यह समझ लेना जरूरी है कि
भावना मनुष्यमात्र के जीवन की वास्तविकता है।

जिस प्रकार शरीर के कई रोगों के मूल में
रक्त-विकार कारणरूप होता है, किन्तु इससे
रक्त से मुक्ति पाने का विचार निरर्थक है।
ठीक उसी तरह भावुकता से दुःख पहुँचता हो
तो उसमें दोष 'भावनाओं' का नहीं,
किन्तु भावनाओं को बिना समझे
जीवन जिए जाने की हमारी शैली का है।

भावना तो ईश्वर द्वारा
मनुष्य को दी हुई 'कच्ची धातु' है।

जैसे कच्ची धातु को शुद्ध करके
उसे आकार देने के बाद ही
उसका यथोचित उपयोग हो सकता है,
वैसे ही भावनाओं का भी है।
भावना तो अन्तर्जगत् का मानो 'जल' है!
जल के बिना शरीर नहीं टिक सकता, जीवन नहीं टिक सकता।
हम नदी को माता कहते हैं,
उसमें हमारे अस्तित्व को टिकाए रखने के लिए
जल की आवश्यकता का कृतज्ञतापूर्वक स्वीकार है।
नदी की बाढ़ का पानी सर्वनाश कर सकता है
और उसे नियंत्रित किया जाए,
तो वह समग्र विश्व को प्रकाशमान कर सकता है!

भावनाओं से लड़ाई नहीं की जा सकती,
भावुकता की शिकायत नहीं हो सकती।

हमें भावनाओं को समझकर, उन्हें विकसित करके
जीवन जीना सीखना है।

प्रत्येक जीवित मनुष्य भावनाओं का अनुभव करता है, प्रत्येक मनुष्य भावुक होता ही है।

विविध परिस्थितियों, घटनाओं या संयोगों का
मनुष्य पर प्रभाव पड़ता है।
यह प्रभाव मनुष्य भावनाओं द्वारा अनुभव करता है।

कोई मनुष्य जल्दी दुखी हो जाता है,
कोई व्यक्ति बार-बार गुस्सा करता है।
किन्हीं बातों से उसे आनन्द और सन्तोष,
तो अन्य बातों से उसे पीड़ा या उत्तेजना हो सकती है।

किसी भी मनुष्य के भीतर पैदा होनेवाले भावों को
हम उस मनुष्य की प्रकृति, स्वभाव या भावनाशीलता
के रूप में भी जानते हैं।

शील अर्थात् चरित्र या संरचना।

मनुष्य अपनी संरचना या प्रकृति के कारण
अपने भीतर जिस प्रकार की भावनाओं का अनुभव करता है,
उसे उसकी भावुकता या भावनाशीलता कहा जा सकता है।

इस तरह प्रत्येक व्यक्ति भावुक होता ही है।

उन भावनाओं को वह वाणी या व्यवहार द्वारा
अन्य के समक्ष व्यक्त करे या न करे,
वह अलग बात है।

हम जिन्हें मनुष्य के विविध गुण या फिर
चरित्र के पहलुओं के रूप में जानते हैं,
वे सब भावों की ही गति अथवा
भावों के स्वरूपों की ही अभिव्यक्तियाँ हैं।

हमें जो क्रोध आता है, वह वास्तव में क्या है?
किसी निश्चित प्रकार की उत्कट भावना ही है न?
और कभी हमें खूब प्रेम उमड़ आता है,
वास्तव में यह भी भावना का ही एक रूप है न?
कुछ भावनाएँ सकारात्मक होती हैं
तो कुछ भावनाएँ नकारात्मक होती हैं।

खुशी, स्नेह, आदर, वात्सल्य, सन्तोष, आनन्द, शान्ति—
ये सभी सकारात्मक भावनाओं के उदाहरण हैं।
दुःख, क्रोध, ईर्ष्या, डर, असुरक्षा, असन्तोष—
ये सभी नकारात्मक भावनाएँ हैं।

मनुष्य इस विश्व में जन्म लेता है
तब से लेकर मृत्यु तक उसके भीतर
परिस्थितियों अनुसार
विविध प्रकार की भावनाएँ जन्म लेती हैं।
ये भावनाएँ ही वास्तविक रूप में
यह तय करती हैं कि
वह मनुष्य विश्व को कैसे देखता है
यानी विश्व को देखने की उसकी दृष्टि कैसी है?

**मनुष्य का अपनी भावनाओं पर नियंत्रण होना
ही उसके विकसित चरित्र का प्रतिबिम्ब है।**

हर मनुष्य भावुक तो होता ही है :
अन्तर इस भावुकता के विकास में है।

मनुष्य वयस्क होने तक
अपनी भावनाओं पर नियंत्रण पा ले
तो उसके व्यक्तित्व में परिपक्वता महकती है।

अगर मनुष्य की भावुकता अनगढ़ रह जाए
तो शरीर वयस्क होने के बावजूद
व्यवहार से उसकी अबोधता प्रकट होती रहती है।
इसका कारण यह है कि
मनुष्य परिस्थितियों के कारण
जिस भावना का अनुभव करता है,
उससे उत्तेजित होकर वह क्रियाशील बनता है
यानी कि भावना की तीव्रता से प्रेरित होकर
वाणी या व्यवहार के रूप में प्रतिक्रियाएँ देता है।

इसलिए मनुष्य की वाणी या व्यवहार
अन्ततः इस पर निर्भर करते है कि उसका
अपनी भावनाओं पर कितना नियंत्रण है?

यह जरूरी नहीं है कि शारीरिक परिपक्वता के साथ-साथ मानसिक परिपक्वता आ ही जाए।

निम्नलिखित उदाहरण देखें—

1. नवजात शिशु को हाथ में लेते ही
   उसे जरा-सी तकलीफ हो तो वह रो उठता है।

2. चलना सीख रहा बच्चा गिर जाता है,
   तो तुरन्त रोता है।
   उससे ऊँची आवाज से बात भी करें तब भी
   सकपकाकर, घबराकर हिचकियाँ लेके रोने लगता है।

3. तीन-चार वर्ष के बालक से उसका खिलौना ले लिया जाए
   या उसकी मनपसन्द चीज न मिले,
   तो खूब दुखी होता है और रोता है।

4. किशोर-किशोरियाँ पढ़-लिख-विचार कर सकते हैं,
   फिर भी छोटी बातों को लेकर दुखी हो जाते हैं।

5. पत्नी अगर बिना कहे चाय बनाकर न दे
   तो भी ऐसा होता है कि पति बुरा मान जाए!

6. बच्चे अगर उनकी 'आज्ञा' का पालन न करें
   या उनकी सोच के मुताबिक न चलें, उनका कहा न करें
   तो माँ-बाप भी बहुत दुखी हो जाते हैं!

छोटी-छोटी बातों को लेकर
रूठनेवाले, दुखी होनेवाले, पीड़ित होनेवाले
मनुष्यों से हमारा समाज भरा हुआ है।

नादानियत का शारीरिक वय या उम्र से कोई सम्बन्ध नहीं।

प्रत्येक बालक प्रकृति से ही भावुक होता है।
उसकी रचना, उसके चरित्र में भावना ही प्रधान है।
न उनके पास बुद्धि-शक्ति है, न अपने बारे में भान होता है।

जो मनुष्य शारीरिक तौर पर परिपक्व हो जाते हैं,
फिर भी जिनका 'भावनाओं' के क्षेत्र में विकास नहीं होता,
वे बहुत जल्दी बुरा मान जाते हैं।
वे तुच्छ बातों से नाराज हो जाते हैं।
छोटी-छोटी बातों से उनके हृदय को ठेस लग जाती है।

अपनी इच्छाओं की पूर्ति न होने पर
या फिर और किसी भी प्रकार की प्रतिकूलता
उनकी भीतरी संवेदनाओं में विक्षोभ पैदा करती हैं
और वे दुःख महसूस करते हैं।

ऐसे मनुष्यों को हम मूडी (Moody)
अपनी भावनाओं में ही डूबा हुआ देख सकते हैं।
वे अपनी भावनाओं को काबू में रखकर या उनसे ऊपर उठकर
अपने वाणी-व्यवहार को सही नहीं कर सकते।

भावनाओं के सन्दर्भ में महत्त्वपूर्ण बात यह है
कि वे कभी एक-सी नहीं ही रहती।
हम एक पल बहुत अच्छी,
और दूसरे ही पल बहुत बुरी भावना अनुभव करें
और वापस अच्छी भावनाएँ महसूस करें, यह सम्भव है।

जीवन-महासागर में
भावनाओं की लहरें उठती रहती हैं,
एक क्षण में ज्वार और फिर भाटा।
कभी सकारात्मक तो कभी नकारात्मक भावनाएँ
हमारे हृदय में उमड़ती ही रहती हैं।
या फिर ऐसा भी होता है कि
कोई एक ही परिस्थिति या मनुष्य के बारे में भी
सकारात्मक या नकारात्मक भावनाओं का
हम बारी-बारी से अनुभव करते ही रहते हैं।
आज अगर हम किसी पर जान छिड़कते हैं,
तो कल हम उसका अपमान भी कर देते हैं।
आज कुछ करने का हमें खूब मन हो,
तो कल वही करने की हमें बिलकुल भी इच्छा न हो।
भावनाओं के ऐसे परिवर्तन हम अनुभव करते ही हैं।

जो भावना के इस स्वभाव को या परिवर्तन को,
न समझ पाए हों,
वे काफी हैरान-परेशान हो जाएँ, यह सम्भव है।

जैसी भावना हमें हो, वैसा ही हम बोलें या करें तो हमारा जीवन बरबाद हो सकता है।

हमारे भीतर भावनाओं में होनेवाले परिवर्तन
हमारे सम्पूर्ण नियंत्रण में नहीं होते।
सकारात्मक और नकारात्मक भावनाओं में चढ़ाव-उतार
अपने-आप आता ही रहता है,
यह हम आत्मनिरीक्षण से समझ सकते हैं।

इसलिए इसके आगे हम यह भी समझ सकते हैं कि
जैसी भावना हो, उसी प्रकार बोलते रहें,
जैसी भावना हो, उसी हिसाब से ही करते रहें
तो हम जीवन में भी महासागर की लहरों की तरह
ऊपर उठते और नीचे गिरते रहेंगे।
और अगर भावनाओं में बहकर कुछ बोल बैठें या कर बैठें,
तो उसके खूब खतरनाक परिणाम आते हैं
और हम बरबादी और सर्वनाश को निमंत्रण देते हैं।

हम अपने भीतर उठती भावना के अनुसार बोलके
अपने सम्बन्ध बिगाड़ देते हैं,
या कुछ कर बैठते हैं, जिसके उलटे ही परिणाम मिलते हैं और
बाद में हम पछताते हैं,
ऐसा हम सभी ने अनुभव किया है।

मनुष्य परिस्थिति या संयोगों से प्रभावित होकर
अपने भीतर जिन भावनाओं का अनुभव करता है,
उनके कारण वह उत्तेजित होकर क्रियाशील होता है।
इस तरह भावनाओं से प्रतिक्रिया जन्म लेती है।

हमारे जीवन में जब कोई घटना होती है,
कोई हमें कुछ भला-बुरा कह देता है
या फिर हमारे साथ कोई सही-गलत व्यवहार करता है,
तब-तब हमारे भीतर उस घटना के अनुरूप
भावनाओं का ज्वार उठता है।

यह सम्भव है कि इन भावनाओं के कारण हम भीतरी तौर पर
बहुत ज्यादा उत्तेजित हो जाएँ।
इस उत्तेजना के वश में होकर अधिकतर
हम कुछ बोल या कर बैठते हैं।
उत्तेजनावश, भावुकता से प्रेरित होकर
हम जो करते हैं, उसे प्रतिक्रियात्मकता कहते है।
प्रतिक्रियात्मक मानस वाले मनुष्य,
उनके भीतर जैसी भावनाएँ उठती हैं,
वैसी प्रतिक्रिया देते ही रहते हैं।
इस प्रतिक्रियाओं के भी कुछ परिणाम होते हैं।
वह पुनः भावनाओं को जगानेवाले होते हैं।
इसलिए जो मनुष्य भावनाओं से उत्तेजित होकर,
प्रतिक्रिया देते रहते हैं वे एक दुष्चक्र में फँस जाएँ,
ऐसी पूरी-पूरी सम्भावना है।

भावनाओं का विकास कैसे करें?

- क्या भावनाओं का चयन हो सकता है?
- भावनाओं को आकार कैसे दें?
- भावनाओं से सम्बन्धित हम क्या गलतियाँ करते हैं?

बच्चे भावनाओं के बारे में कुछ चुन सकें
उतने स्वतंत्र नहीं होते।
इसीलिए जो लोग भावनाओं को चुन नहीं सकते
उन्हें हम 'अबोध' या 'नासमझ' कहते हैं।

नवजात शिशु का थोड़ा निरीक्षण करें तो
हमें यह ज्ञात हो जाता है कि उसके पास विचार-शक्ति नहीं है,
उसकी बुद्धि अविकसित है,
किन्तु उसके पास भावनाएँ अवश्य हैं।

उसे जरा-सी भी प्रतिकूल परिस्थिति का अनुभव हो
तो तुरन्त रोने लगता है।
और कुछ ही दिनों में हम उसे
उसकी ओर की जानेवाली अमुक चेष्टाओं के कारण
खुश हो खिलखिलाकर हँसता भी देख सकते हैं।
हँसना और रोना बालक के बस में नहीं ही होते।
साथ ही बालक को उनका भान भी नहीं होता।

निर्दोष भावना और अबोधता बालक के मन के लक्षण हैं।
जिसकी बुद्धि अविकसित होती है, वह कपट नहीं कर सकता।
इसलिए बालक की निष्कपटता उसके बचपन का लक्षण कहा जाएगा,
यह समझ सकते हैं कि उसे उसका सद्‌गुण नहीं कह सकते।

बालक के मन की अवस्था पूर्णतया
अन्य मनुष्यों पर अवलम्बित होती है।

भावनाओं से जुड़ी सबको याद रखने योग्य बात :
हम जिन भावनाओं को महसूस करते हैं
उनसे कभी अपराधभाव अनुभव करने की जरूरत नहीं है,
ऐसी भावनाओं का अनुभव तो सभी करते हैं।

जब कभी हम अत्यन्त नकारात्मक भावनाओं का अनुभव करते हैं,
तो भीतर-ही-भीतर खूब क्षोभ महसूस करते हैं।
वास्तव में यह क्षोभ उसी मान्यता से जन्म लेता है कि
हम में नकारात्मक भावनाएँ नहीं उठनी चाहिए,
ऐसी नकारात्मक भावनाएँ पैदा होना बहुत बुरी बात है।

हकीकत यह है कि हम सभी के भीतर
सभी प्रकार की भावनाएँ उठती ही रहती हैं।
ये मनोभाव वास्तविकता हैं, हकीकत हैं।
उनका पैदा होना मनुष्य के बस में होता ही नहीं।
तो फिर उन्हें अच्छा या बुरा कैसे कहा जाए?
इसीलिए बालक या अन्य सम्बन्धित मनुष्य,
अगर कभी अपनी नकारात्मक भावनाओं के बारे में कुछ कहें,
तो हमें उन्हें धैर्य से सुनना चाहिए।
"It is okay to feel that way..."
इस तरह हमें उन्हें निश्चिन्त कर देना चाहिए।

हाँ, साथ-साथ यह भी याद रखना आवश्यक है
कि ये नकारात्मक या हिंसक भावनाएँ
कभी-भी वाणी या व्यवहार में नहीं आनी चाहिए।

जैसे किसी भोजन समारोह में हम
अपने अनुकूल व्यंजन पसन्द कर सकते हैं,
उसी प्रकार जीवन में भी हम विचारों और भावनाओं का
चुनाव करना अभ्यास करके सीख सकते हैं।

बालक की बुद्धि लगभग अविकसित होने की वजह से
और क्योंकि खुद के विषय में उसका भान न होने के कारण
उसकी भावनाएँ सीधे-सीधे केवल
अनुकूलता-प्रतिकूलता से जुड़ी होती हैं।
यहाँ भावना 'कच्ची धातु' की तरह है।

इस 'कच्ची धातु' को आकार देने के लिए यानी
बचपने से परिपक्वता की ओर विकास करने के लिए
यह ढूँढ़ने से शुरुआत हो सकती है कि—
हम किन-किन विषयों को लेकर
तुरन्त ही नकारात्मक भावनाओं का अनुभव करते हैं।
इस खोज की शुरुआत करने से ही
दुःख की भावना महसूस हो, यह सम्भव है!

"मैं अबोध मन रखता हूँ।"
यह खयाल ही परिपक्व उम्र की व्यक्तियों के लिए
कितना अप्रिय और प्रतिकूल है!

वापस फिर से नकारात्मक भावनाएँ!

प्रत्येक प्रतिकूल, नकारात्मक भावना होने के समय
हमारे पास मात्र दो विकल्प ही हैं :

पहला, यह मानकर जीते रहना
कि जो अनुकूल है, वही वास्तविकता है
दूसरा, जो वास्तविकता है उसी के साथ रहकर
जीने में ही अनुकूलता का अनुभव करना।

मैं कैसी मामूली बात पर नाराज हो जाता हूँ!
कल आप मिले और मुस्कुराए नहीं,
इससे भी मुझे दुःख पहुँचा...
क्या इसे दुःख की भावना के बिना देखा जा सकता है?
दुःख की भावना की महत्त्व ना देकर, उससे मुक्त रहकर,
उसी दुःख की भावना को समझा जा सकता है?

हमें भली-भाँति सोचकर
हृदयपूर्वक चयन कर लेना चाहिए।
"मुझे जब-जब, जहाँ-जहाँ दुःख
अथवा कोई भी नकारात्मक भावना होती है,
वे सभी बातें मेरी मनःस्थिति की सूचक हैं।
उस समय मेरी मानसिक अवस्था कैसी है?
मेरी भीतरी वास्तविकता क्या है?"
यह अगर मैं खोजूँ तो अपने मन का विकास कर पाने
का मुझे अवसर मिलता है।

जो प्रतिकूलता पहले असह्य थी,
जो जानना दुःख पैदा करता था,
उसी बात को लेकर अभ्यास करते रहने से
सकारात्मक भावनाएँ पैदा की जा सकती हैं।

"मैं कैसी मामूली बात पर नाराज हो जाता हूँ!
कल आप मिले और मुस्कुराए नहीं,
इससे भी मुझे दुःख पहुँचा..." के स्थान पर
यूँ भी सोचा जा सकता है कि

"जीवन कितना अमूल्य है! और कितना अद्‌भुत!
क्यों न उसे परिपक्वता से जिया जाए!
पुरुषार्थ करके उसमें मिठास क्यों न लाई जाए!

वास्तविकता को देख सकना, उसे स्वीकार कर पाना
वही तो इस मानसिक परिपक्वता की शुरुआत है!
क्या इससे मुझे दुःख होगा?
बिलकुल नहीं होगा।
मुझे किस परिस्थिति में क्या होता है
यह मुझे पता चले, मालूम हो,
उसकी मुझे समझ मिले तो मुझे खुशी होगी!
दुःख तो होगा ही नहीं!"

'मैं अज्ञानी हूँ' इससे मुझे दुःख हो,
और इसी से मुझे खुशी भी हो सकती है!

तो यह भावनाओं का चयन हुआ या नहीं?

सभी भावनाओं का सामना करें!
जीवन की घटनाओं से मिले घावों को भरने के लिए
हमें सर्वप्रथम उन भावनाओं का सामना करना होगा
जो हमें दर्द देती हैं और परेशान करती हैं,
जो पीड़ा देती हैं और हैरान करती हैं।

सामान्य तौर पर हम उस विषय पर सोचना टालते हैं
जिससे हमें वेदना मिलती हो,
हमारा दिल दु:खा हो, हमें दर्द हुआ हो।
हम ऐसा करते हैं क्योंकि
यह वेदना हमारे लिए बहुत ही असह्य हो जाती है।
हाँ, शायद कुछ समय तक वेदनाजनक विषयों से दूर रहने पर
हम अधिक स्वस्थतापूर्वक जी सकें, यह सम्भव है।
वेदना से दूर रहने की वजह से
हम अपने दूसरे कार्यों में भी मन लगा सकते हैं।
किन्तु लम्बे समय तक अगर इस तरह सोचना टाला जाए,
तो उससे हमें ही नुकसान होता है।
अगर हम वाकई में स्वस्थतापूर्वक जीवन जीना चाहते हैं,
सही मायने में प्रसन्नतापूर्वक जीवन जीना चाहते हैं
तो हमें हमको अप्रिय और डरानेवाली
भावनाओं अथवा विषयों का सामना करना आवश्यक है।

अन्त में, आँसू, क्रोध, हताशा और स्वीकार की प्रक्रिया से
गुजरकर ही हम सच्ची स्वस्थता का अनुभव कर सकते हैं।

भावनाओं के सम्बन्ध में हम
मुख्यतः दो प्रमुख भूलें करते हैं :
या तो हम उनसे लड़ते हैं
अथवा कुछ कर बैठते हैं।

हमारे भीतर लगातार भावनाएँ उठती रहती हैं।
भावनाएँ उठती हैं उस समय हम
या तो उनको स्वीकार ही नहीं करते
अथवा उन्हें ही सच मान बैठते हैं।

मुझे इस बात पर भी गुस्सा आता है कि
"मुझे छोटी-छोटी बात पर गुस्सा आता है।"
यह मेरे क्रोध की भावना से मेरी लड़ाई है।
अगर मैं अपने क्रोध की भावना को देख सकता हूँ—समझ सकता हूँ,
तो मैं उसका स्वीकार कर सकता हूँ,
उससे मुझे व्यग्रता नहीं होगी।

किन्तु क्रोध की भावना को स्वीकार करने का अर्थ
यह नहीं है कि क्रोधित होने की बात को ऐसे स्वीकार कर लिया जाए
जिसे कभी बदला नहीं जा सकता;
अथवा यह समझ कि मेरे क्रोध की भावना वाजिब है
मैं क्रोध की भावना को शब्दों में व्यक्त कर दूँ
या फिर क्रोध में ही कुछ ऐसा कर बैठूँ
जिसके परिणाम बाद में मुझे ही स्वीकार्य न हो।

भावनाओं, उन्हें गढ़ना अर्थात्
भावनाओं के साथ लड़ाई न करना,
भावनाओं से प्रेरित हो कुछ बोल बैठना या कर बैठना भी नहीं,
परन्तु भावनाओं के प्रति शरणागति का अनुभव करना।

शरणागति का अर्थ हार का अनुभव करना नहीं है।
शरणागति का अर्थ यह है :
जिसके साथ लड़ाई निरर्थक है,
उसके साथ लड़ाई न करना।

शरणागति का अर्थ यह भी नहीं है कि भावनाओं की गुलामी करना,
भावनाओं के अनुसार ही बोलना या व्यवहार करना।
शरणागति का अर्थ यह है कि,
भावनाओं का अनुभव करना, उन्हें स्वीकार करना,
परन्तु उनके वश न होना।
मनुष्य के लिए यह सम्भव है कि
वह अपनी भावनाओं से न लड़े;
वह अपनी भावनाओं का स्वीकार करे
और फिर भी भावनाओं का गुलाम न बने,
भावनाओं को अपने भीतर ही सकारात्मकता से सहन करे।

इस प्रकार,
शरणागति का विकल्प लेने से मनुष्य
भावनाओं के साथ समुचित सम्बन्ध रखते हुए,
अपने जीवन का सही दिशा में विकास कर सकता है।

संवेदनशीलता कैसे विकसित करें?

- संवेदनशीलता का क्या अर्थ है?
- क्या संवेदनशीलता ही सहानुभूति है?
- संवेदनशील बनने के लिए क्या किया जाए?

संवेदनशीलता अर्थात्
अपनी भावनाओं को महसूस करने की
अपनी शक्ति का उपयोग कर,
अन्य की भावनाओं या संवेदनाओं को
अनुभव करने की, जानने की अभीप्सा एवं कुशलता।

हम यह समझे हैं कि
मनुष्य की भावुकता यानी
परिस्थिति या संयोंगों की प्रतिक्रिया या प्रतिबिम्ब के रूप में
उसके भीतर किस प्रकार की भावनाएँ उठती हैं?
ये भावनाएँ उस मनुष्य की अपनी भावनाएँ हुईं।

अपनी भावनाओं या विचारों से मुक्त होकर,
मनुष्य दूसरों की भावना या विचारों को समझ सके,
तो उसे हम मनुष्य की संवेदनशीलता कहेंगे।

भावुकता की वजह से उठनेवाली भावनाएँ
मनुष्य के पसन्द की नहीं होतीं।
मनुष्य अपने नियंत्रण के बाहर उनका अनुभव करता ही है;
जबकि संवेदनशील मनुष्य अपने पुरुषार्थ द्वारा
उन भावनाओं या संवेदनों को समझने, जानने
और अनुभव करने का प्रयत्न करता है,
जो उसके भीतर अपने-आप नहीं उठतीं,
किन्तु अन्यों के भीतर उठती हैं।

भूख लगने पर मुझमें जो भावना जगी
वह मेरी भावुकता है।
किसी गरीब बालक का भूख से क्या हाल होता होगा,
उसका अनुभव करना मेरी संवेदनशीलता कहा जाएगा।

दूसरों की भावना या विचारों को संवेदित करने के लिए, मनुष्य को अपनी भावना, विचार और मान्यताओं आदि से मुक्त होना सीखना होता है।

मनुष्य की अपनी निजी भावनाएँ होती हैं।
जैसेकि उसे खूब भूख लगती है
तब वह पेट में पीड़ा की भावना महसूस करता है।
ऐसे मनुष्य को भोजन मिले तो
अपनी भूख की पीड़ा की भावना से प्रेरित होकर
वह तुरन्त ही भोजन पर टूट पड़ेगा।

परन्तु यदि यही मनुष्य
अपनी भूख की भावना को पलभर भुलाकर
आसपास देखे और सोचे तो
शायद ऐसा हो सकता है
कि उसे दूसरे भूखे लोग भी दिखें।
अधिक सोचने पर उसे ऐसा भी समझ में आए
कि ये अन्य मनुष्य तो वाकई
उससे भी अधिक भूखे हैं।

तब हम यह कह सकेंगे कि
स्वयं अपनी भूख की भावना से मुक्त होकर,
यह मनुष्य दूसरों के प्रति संवेदनशील हो सका।

मनुष्य अपनी भावनाओं या विचारों से मुक्त होकर
दूसरों की भावनाओं या विचारों के बारे में सोच सके,
तो यह उसकी मानसिक परिपक्वता की निशानी है।

कई मनुष्यों के लिए
स्वयं के सिवा किसी और का अस्तित्व ही नहीं होता।
वे अपने सिवाय, स्वयं को भूलकर
दूसरों के बारे में सोच ही नहीं सकते।
जो दूसरों के बारे में सोच ही नहीं सकते
उन्हें 'नार्सिसिस्ट' अथवा 'आत्ममुग्ध' कहते हैं।
वे अपने ही विचारों और मान्यताओं में
इतने निमग्न रहते हैं
कि दूसरों के भिन्न विचारों और मान्यताओं के बारे में
वे कुछ भी सोच नहीं सकते।

दूसरों के बारे में न सोच सकने की वजह से
'नार्सिसिस्ट' मनुष्यों को सभी निकट सम्बन्धों में
हमेशा असफलता ही मिलती है।
दूसरे व्यक्ति की भिन्नता उन्हें दिखती ही नहीं है,
इसलिए वे भिन्नता को स्वीकार नहीं कर सकते।

भावुकता प्राकृतिक है,
जबकि संवेदनशीलता विकसित करनी होती है।

"मेरी माँ का दुःख देखकर मैं रोता ही रहता हूँ।
क्या करूँ, समझ में ही नहीं आता...
कुछ खाने-पीने का मन नहीं होता..."

यहाँ क्या हो रहा है?
माँ किसी रोग से पीड़ित है?
मैं सहानुभूति से उसके दुःख का अनुभव करता हूँ।
यह दुःख की भावना मुझसे सहन नहीं होती है।
इससे मैं गुमसुम हो जाता हूँ, रोता रहता हूँ,
क्या करूँ, यह समझ में नहीं आता।

वास्तव में क्या होना चाहिए?
माँ किसी रोग से पीड़ित है?
मैं सहानुभूति से उसके दुःख का अनुभव करता हूँ।
ज्यादा विचार करके उसकी हालत को ज्यादा अच्छे से समझता हूँ।
इस परिस्थिति में क्या-क्या हो सकता है, यह पता लगाता हूँ।
इस परिस्थिति में सर्वश्रेष्ठ क्या हो सकता है, यह निश्चित करता हूँ।
सहानुभूति से जन्मी दुःख की भावनाओं को सहकर,
मैं परिस्थिति को श्रेष्ठतम प्रत्युत्तर देता हूँ।

जिनके साथ हम भावनाओं से जुड़े होते हैं,
सम्भव है, उनकी भावनाएँ हम सरलता से अनुभव कर सकें,
परन्तु यह सहानुभूति है, संवेदनशीलता नहीं।

जो भावनाएँ हमारे भीतर प्रतिक्रिया के रूप में जगती हैं,
वे सभी हमारी भावुकता हैं।
इसलिए जिनके साथ हमारा भावना का सम्बन्ध हो
उनके या उनकी परिस्थिति के प्रति
सम्भव है, हम अपने-आप कुछ भावनाओं का अनुभव करें।
दूसरों के प्रति इस प्रकार महसूस होनेवाली भावनाएँ
हमारी भावुकता से ही पैदा हुई होती हैं।

उसी प्रकार बाहर की ऐसी परिस्थिति
जो हमारे भीतर तीव्र भावनाओं को जन्म दे
उसे भी हमारे भीतर सहानुभूति का जन्म कह सकते हैं।
उदाहरण के तौर पर किसी भीषण दुर्घटना में
घायल मनुष्य तुरन्त हमारे अन्दर जुगुप्सा पैदा करता है।
जुगुप्सा की इस भावना का अनुभव
हम परिस्थिति के बाह्य दृश्य की तीव्रता तथा
अपनी भावुकता के कारण करते हैं,
न कि अपने पुरुषार्थ या चयन के कारण।

सहानुभूति दूसरे की भावना का ही अनुभव है,
फिर भी उसे संवेदनशीलता नहीं कहा जा सकता।
जैसे आईना प्रकाश का परावर्तन करता है,
फिर भी उसे प्रकाश का स्त्रोत नहीं कह सकते।

प्रत्येक मनुष्य भावुक तो होता ही है।
इस कारण बाह्य परिस्थिति या घटनाओं से
उसके भीतर भावनाएँ जन्म लेती ही रहती हैं।
मनुष्य जिनके साथ भावनाओं के सम्बन्धों से जुड़ा है
उसे लेकर भी कई भावनाओं का वह अनुभव करता है।
और कभी-कभी किसी परिस्थिति की तीव्रता के कारण
या उसके बाह्य स्वरूप के कारण भी
वह भावनाओं का अनुभव करता है।

उदाहरण :

अपना बच्चा रोए तो माँ का कलेजा चिर जाता है,
पड़ोसी का बच्चा रोए तो माँ के मन में ऐसी कोई भावना पैदा नहीं होती।

भूखा, गन्दा बच्चा जुगुप्सा की भावना पैदा करता है।
अच्छे वस्त्रों में सजा, स्वच्छ और पुष्ट दिखनेवाला बालक
हमारे भीतर ऐसी कोई भावना पैदा नहीं करता।

ये सारे सहानुभूति के उदाहरण हैं।

जो मनुष्य सहानुभूति भी महसूस नहीं कर सकते
वे पशुओं से भी निम्न, यंत्र-मानवों की कोटी के हैं।

सहानुभूति मानव के लिए सहज है, स्वाभाविक है।
सहानुभूति का अनुभव करने में कुछ गलत नहीं है।
पशु भी सहानुभूति का अनुभव कर सकते हैं।
जिनका हृदय स्पन्दित होता है,
वे सभी सहानुभूति का अनुभव कर सकते हैं।

किन्तु मनुष्य के बारे में ऐसा भी दिखाई पड़ता है
कि कभी-कभी उसे सहानुभूति का अनुभव ही नहीं होता है।
उपभोगवाद के कारण मनुष्य में कभी
ऐसी जड़ता का दर्शन हमें होता है
जो सहानुभूति भी अनुभव नहीं कर सकता।
तुरन्त ही हृदय पिघला देनेवाली परिस्थिति में भी
उस पर कोई प्रभाव नहीं होता।
जहाँ उसे अपना स्वार्थ दिख रहा हो
वहाँ उसे दूसरों की जरा-सी भी परवाह नहीं होती।

आधुनिक जमाने की इस 'फास्ट लाइफ' के दौरान
कई बार हम मनुष्यों को शून्यमनस्क—
सहानुभूति की क्षमता भी खो चुके हुए पाते हैं।

**सहानुभूति का अनुभव करना मनुष्य के लिए स्वाभाविक है।
संवेदनशीलता विकसित करने में मानवजन्म की सार्थकता है।**

सहानुभूति अर्थात् अन्य व्यक्ति या परिस्थिति के साथ
सह-अनुभूति, यानी एक-सी भावना महसूस करना।
जब हम सिर्फ भावुक होकर
सहानुभूति की भावना का अनुभव करते हैं,
और इसी भावनावश कुछ कर बैठते हैं
तब इसमें दूसरों को लाभ या नुकसान :
कुछ भी होने की सम्भावना है।

इसकी वजह यह है कि
हमने अन्य व्यक्ति की मदद करने से पूर्व
विचार करने का कुछ भी पुरुषार्थ नहीं किया।
जब हम अपनी संवेदनशीलता का उपयोग करके
सामनेवाले व्यक्ति के विचारों या भावनाओं को जानें
और इस तरह उसके साथ ऐक्य का अनुभव करें
तब हम सोचकर ही वैसा कर पाते हैं;
क्योंकि अन्य व्यक्ति क्या भावना या विचार रखता है,
उस विषय में हम गलत धारणाएँ नहीं बना सकते।
वह सब हमें विश्वासपूर्वक, पूरे ध्यान से ही करना होता है।
हमारी ऐसी सावधानी के कारण बाद में
हम उनकी और सही तरह से मदद कर सकते हैं।

अगर सहानुभूति के बारे में विचारपूर्वक व्यवहार करने की जगह हम सहानुभूति की अपनी भावना से ही व्यवहार कर बैठें तो हमारी सहानुभूति दूसरे के परावलम्बन को ही पोषित करेगी।

सहानुभूति का अनुभव करनेवाला अगर
अपनी भावनाओं को सहन न कर सके,
तो यह सम्भावना अधिक रहती है कि
वह सहानुभूति की विषय-वस्तु को ही ज्यादा नुकसान करे।

जैसेकि अपनी सन्तान को जरा-सी असुविधा होने पर
बहुत दुखी हो जानेवाले माता या पिता
सन्तान के प्रति सहानुभूति अनुभव करके
सन्तान के दुःख दूर करने में लग जाते हैं।

इसी वजह से सन्तान न तो मुश्किलों का सामना करना सीखती है,
न ही संघर्ष में जीना।
परिणामस्वरूप आखिर में सन्तान को नुकसान ही होता है।

किन्तु अपनी सन्तान को असुविधा हो,
तो वह उसके मानसिक विकास के लिए अच्छा ही है,
ऐसा समझनेवाले माता-पिता भी
सन्तान के दुःख से अपने हृदय में दुःख का अनुभव करते हैं,
किन्तु वे यह दुःख सहन करते हैं।
वे ऐसा कुछ नहीं करते जो सन्तान को अपाहिज बना दे।

संवेदनशील मनुष्य दूसरों की भावनाओं को समझता है,
किन्तु वह उनके साथ जीवन-पोषक व्यवहार ही करता है।

जो मनुष्य संवेदनशील है,
वह अपने भीतर की सहानुभूति की भावना
तदुपरान्त अपने पुरुषार्थ एवं कल्पना द्वारा
अन्य व्यक्ति के बारे में अधिक ज्ञान प्राप्त करता है।
फिर वह विचारपूर्वक निश्चित करता है कि
इस व्यक्ति के साथ क्या व्यवहार करना है?

संवेदनशील मनुष्य इस बारे में हमेशा सजग रहता है कि
उसके अपने व्यवहार का
जो परिणाम या असर होगा,
वह सामनेवाले व्यक्ति के लिए कैसे श्रेयस्कर होगा,
अन्त में वह स्वयं उस व्यक्ति के लिए
क्या फायदा करने में मददगार होगा
और यह मदद वाकई में कैसी होगी?

किन्तु यह जोखिम तो हमेशा
बना ही रहता है कि संवेदनशील मनुष्य भी,
सहानुभूतिवश या फिर भावनावश कुछ कर न बैठे।

संवेदनशील मनुष्य अपनी भावनाओं से मुक्त होकर रह सकता है। इसलिए स्वाभाविक रूप से उसके आसपास शान्ति और आत्मविश्वास का वातावरण होता है।

संवेदनशील मनुष्य दूसरों की भावना समझे
उससे पहले अपनी भावना को देख-समझ सकता है।
वह अपने भीतर उठती भावनाओं में बहे बिना
अपनी भावनाओं के निश्चित रूप को जान सकता है
और फिर उन भावनाओं से मुक्त होकर
दूसरों की भावनाओं के विषय में विचार कर सकता है।

दूसरे शब्दों में कहें तो
संवेदनशील मनुष्य जागरूक होता है :
वह अपनी भावनाओं के प्रति सजग होता है,
अपनी भावनाओं को संयमित कर सकता है।
अपनी भावनाओं से मुक्त रहकर व्यवहार कर सकता है।

पहले हम देख चुके हैं कि,
भावुक मनुष्य ऐसा नहीं कर सकते।
इससे वे अत्यन्त विह्वल और बेचैन,
छोटी-छोटी बातों में नाराज हो जाते हैं।
इससे विपरीत संवेदनशील मनुष्यों का
अधिक शान्त और स्वस्थ व्यक्तित्व होता हैं।

भाव का निर्माण कैसे हो?

- भाव का क्या अर्थ है?
- भाव और भावना के बीच क्या अन्तर है?
- भावपूर्वक जीने का अर्थ क्या है?
- अन्त:करण में भाव-संसार का निर्माण कैसे करें?

●

भाव का अर्थ क्या है? क्या भाव ही भावना है? भावना और भाव में क्या अन्तर है?

भाव यह भावना है, किन्तु वह केवल भावना नहीं है।

भावना नकारात्मक हो सकती है,
किन्तु भाव कभी नकारात्मक नहीं हो सकता।
वह हमेशा सकारात्मक ही होता है।

दूसरी बात, भावनाएँ बाह्य परिस्थितियों के प्रतिबिम्ब के रूप में
हमारे मानस में अपने-आप पैदा होती ही रहती हैं।
मानस अपरिपक्व हो तो जरा-सी प्रतिकूलता भी
दुःख की भावना को जन्म देती है।
दुःख की यह भावना हमारी मानसिक अवस्था सूचित करती है,
न कि बाह्य परिस्थिति की 'प्रतिकूलता'।
इस प्रकार भाव, अपने दम पर बनाई हुई हमारी सकारात्मक भावनाएँ हैं,
जबकि भावना अपने-आप, प्रतिक्रियात्मक रूप से पैदा होती रहती है।

तीसरी बात, भावनाएँ तो आती-जाती रहती हैं।
उनमें चढ़ाव-उतार आते ही रहते हैं।
भावनाएँ मनुष्य के नियंत्रण में नहीं होतीं।
जबकि भाव मनुष्य अपने पुरुषार्थ से खड़ा करता है,
इसलिए वह हृदय में निरन्तर छाता जाता है।

भावपूर्वक जीना यानी
सकारात्मक हृदय से जीना।

जीवन अगर महासागर की तरह अथाह-असीम हो,
तो उसकी तुलना में भावुकता का स्थान
गहरे कुएँ जैसा संकुचित और गहन है।
मनुष्य को इस गहरे कुएँ से निकलकर,
भाव-संसार पाने के लिए पुरुषार्थ करना होता है।

सकारात्मक भावनाएँ आत्मबल से निर्मित हों
और वे धीरे-धीरे हृदय में छाती रहें, गूँधती रहें
तभी कह सकते हैं कि भाव का निर्माण शुरू हुआ है।

जिन विषयों या परिस्थितियों से हमें
दुःख या अन्य कोई नकारात्मक भावना होती हो,
तो हमारी दृष्टि को अलग ढंग से प्रशिक्षित करने से,
उन्हीं विषयों या परिस्थितियों में हम
सकारात्मक भावनाओं का अनुभव कर सकते हैं।
हमेशा ऐसी ही दृष्टि और
ऐसे ही भाव से भरे हृदय से जीवन जिया जाए
तो कह सकते हैं कि हम सहृदयी हुए।

मनुष्य अपने हृदय में
भाव-संसार का निर्माण कर सकता है।
हम स्वयं ऐसे हृदय का प्रशिक्षण कर सकें
वही हमारे जीवन का सच्चा विकास है।

जीवन बाहर कहाँ है?

बाहर तो चीज-वस्तुएँ हैं,
अन्य मनुष्यों के साथ के सम्बन्ध हैं।
वे हमें शान्ति और आनन्द कहाँ दे सकते हैं?
वे हमें दो पल के लिए प्रसन्न कर सकते हैं,
उसके बाद वे हमें दुखी भी कर सकते हैं।
वे हमें सांत्वना दे सकते हैं,
और फिर वे अशान्ति के निमित्त भी बन सकते हैं।

हमारे जीवन में शान्ति और आनन्द का निर्माण हो,
हमारा जीवन संतृप्तिपूर्वक जिया जाए, उसका कार्यक्रम
जब हम सम्पूर्णतः अपने नियंत्रण में रखें,
तभी हम मनोवैज्ञानिक स्वतंत्रता का,
भावनात्मक स्वतंत्रता का अहसास कर सकते हैं।
जो मनुष्य आजीवन
इस अहसास से वंचित रह जाते हैं,
उनकी बदनसीबी का वर्णन कैसे किया जा सकता है?

भाव-संसार के निर्माण के
स्वाभाविक रूप से दो आधारस्तम्भ हैं :
कभी-कभी सुख का अनुभव करना, उसे पसन्द करना,
और दुःख का अनुभव करना, उसे भी पसन्द करना।

किन्तु दुःख का अनुभव क्यों पसन्द करना?

"मेरी माँ बिस्तर पर पड़ी है,
किसी रोग से वह पीड़ित है,
उसे दुखी देखकर मुझे भी दुःख होता है,
उसके लिए कुछ कर गुजरने का मन होता है।"

इस किस्से में हृदय की अवस्था जाँचते हैं।
माँ के दुःख को देखकर मेरे हृदय में दुःख की भावना पैदा हुई।
'दुःख' कोई नकारात्मक भावना है?
क्या यह कोई नकारात्मक भावना है कोई मेरी हँसी उड़ाए और मैं नाराज हो जाऊँ या
मुझे बुरा लगे
ऐसा मैं पसन्द करूँगा कि कोई मेरी हँसी उड़ाए
और फिर भी मैं स्वस्थ रह सकूँ,
मुझे दुःख न हो,
किन्तु माँ के दुःख से मुझे दुःख न हो
ऐसा मैं पसन्द करूँगा?

माँ की पीड़ा से मैं जो दुःख महसूस करता हूँ
इस किस्से में वह नकारात्मक भावना नहीं है।
इस किस्से में वह स्वागत योग्य है, पसन्द है, आवश्यक है।

दुःख सहन करना सीखना
स्वशिक्षण का एक महत्त्वपूर्ण अंग है।

उत्कट, अति तीव्र भावनाएँ हमारे भीतर उठें,
तब ऐसे में कुछ बोल या कर बैठने के बजाय
उन भावनाओं को देख-समझकर, उनके विषय में विचार कर
उनसे अलग रहकर—यह निश्चित कर सकना कि क्या करना है,
वह मनुष्य का अद्‌भुत सामर्थ्य है।

जो मनुष्य दुःख को सह सकता है,
वह दुःख में आकुल-व्याकुल नहीं होता,
दुःख में भी शान्ति और स्वस्थता बनाए रख सकता है,
वह मनुष्य सुख से भी पागल नहीं हो जाता।
यही नहीं, परन्तु मनुष्य
जितना अधिक दुःख सह सकता है
उसी अनुपात में वह अधिक आनन्द महसूस कर सकता है।
आश्चर्यजनक तो यह है कि,
मनुष्य की आनन्द का अनुभव करने की क्षमता,
उसके दुःख सहने के सामर्थ्य और कुशलता के
समानुपात ही होती है।

मनुष्य प्रतिक्रियाओं में खिंच जाने के बजाय,
समझदारीपूर्वक अपना व्यवहार निश्चित करे
तथा सत्य को भावनाओं की ऊर्जा से जीने का प्रयत्न करे,
तो उसे भावपूर्वक जीने की कला कहा जा सकता है।

मनुष्य बाह्य संयोगों एवं घटनाओं से
भावनाओं का अनुभव करे, उत्तेजित हो जाए;
लेकिन यह जरूरी नहीं हैं कि वह उन्हें प्रतिक्रियाएँ दे।
वह हमेशा अपनी समझदारी से
अपने वाणी-बर्ताव-व्यवहार निश्चित कर सकता है।
यह उसकी प्रत्युत्तर देने की है।

मनुष्य जीवन में इस प्रकार चुनाव कर सकता है,
और चुने हुए वाणी-व्यवहार-बर्ताव को
अपने भीतरी भाव-ऊर्जापूर्वक अमल में ला सकता है।
जब वह इस प्रकार जीता है तब
उसके बोलने, चलने में एक अनोखी खनक होती है।
वह आत्मविश्वास और प्रेम से भरा हुआ होता है।
उसके आसपास सम्पूर्ण स्वनियंत्रण और
प्रेम एवं आन्तरिक शान्ति के घेरे होते हैं।
ये सभी लक्षण
भावपूर्वक जीवन जीने की कला के लक्षण हैं।

चरित्र निर्माण अर्थात्
सभानता से, बुद्धि का उपयोग कर, मूल्यनिष्ठ होकर, भावपूर्वक जीवन जीना सीखने की शिक्षा।

मनुष्य के भीतर भावनाएँ उठती हैं
और इनसे ही मनुष्य क्रियाशील होता है।
यह अनगढ़ मनुष्य की मनोदशा है।

स्वशिक्षण प्राप्त मनुष्य
अपने विचार एवं भावों को देख सकता है।
ऐसे मनुष्यों को सभान मनुष्य कह सकते हैं।
स्वभानता की शिक्षा से ही मनुष्य पशु से भिन्न हो सकता है।
उत्तरोत्तर अधिकाधिक सभान हो रहा मनुष्य
अपनी बुद्धि और विश्लेषण-क्षमता का उपयोग करके
अपनी जागरूकता से कर्मशील होता है।
इस प्रकार वह भावनाकेन्द्री मिटाकर मूल्यकेन्द्री मनुष्य बनता है।
और फिर वह ऐसा इसलिए करता है
क्योंकि उसे अपने जीवन के प्रति प्रेम है।
वह अपने जीवन को यूँ ही व्यय नहीं कर डालता,
किन्तु जीवन का चुनाव करने के लिए उत्साहित होता है।
ऐसा जीवन जीना सीखना ही
भावपूर्वक जीवन जीने की शिक्षा है।

भावों का विकास अर्थात् चरित्र-विकास

- भावनाओं के निर्माण का अर्थ क्या है?
- जीवन को भावुकता से उबारने के उपाय क्या हैं?
- मूल्यनिष्ठ जीवन का अर्थ क्या है?
- संवेदनशील चरित्र का अर्थ क्या है?

अन्ततोगत्वा मनुष्य को भावनाओं का स्वामी बनना है, गुलाम नहीं।

प्रत्येक मनुष्य के अन्दर भावनाएँ उठती ही हैं,
वे सकारात्मक भी होती हैं, नकारात्मक भी;
किन्तु इसका अर्थ यह नहीं है कि
मनुष्य को इन भावनाओं का गुलाम होकर रहना है।

मनुष्य का अपनी भावनाओं के साथ सम्बन्ध
ठीक वैसा ही होना चाहिए,
जैसा एक स्वामी का अपने गुलाम के साथ होता है।
अगर मालिक गुलामों पर अत्याचार करता है, जुल्म करता है
तो मालिक को गुलामों का सहयोग दिल से नहीं मिलता।
वे विद्रोह करने की ताक में ही रहते हैं।
अगर मालिक गुलाम को ज्यादा आजादी देता है
तो गुलामों का मन बढ़ जाएगा, वे बिगड़ जाएँगे,
वे अपनी मर्यादा में न रहें, इसकी सम्भावना बढ़ जाती है।
और यह भी हो सकता है कि मालिक केवल नाम भर का रह जाए।

इसलिए मालिक को गुलामों के साथ मानवतापूर्ण व्यवहार करना चाहिए,
किन्तु साथ-साथ समयानुसार यह भी जरूरी है कि वह दृढ़ भी रहे।

ठीक ऐसा ही सम्बन्ध
मनुष्य और उसकी भावनाओं के बीच होना चाहिए।

जैसी भावना हो उसके अनुसार व्यवहार करना
यह स्वावलम्बन कि नहीं, पराधीनता की निशानी है।

जीवन कैसे जीना चाहिए?

हम अगर किसी का सहारा लेकर जीने का प्रयत्न करें,
तो अनेक विफलताओं और उलझनों से घिर जाते हैं।
इस परिस्थिति से ऊबकर अन्तत:
हम ऐसा निश्चित कर लेते हैं कि
अब मुझे जैसी भावना महसूस होगी, मैं वैसा ही करूँगा(गी),
अब मैं आजाद हूँ! अब मैं स्वतंत्र बन जाऊँगा(गी)!

यह तो पराधीनता से अराजकता की ओर की गति हुई।
भावना का अनुसरण करना पराधीनता की ही निशानी है।
अपनी भावनाओं का अनुसरण करने से मनुष्य
स्वावलम्बी नहीं बन जाता।
मनुष्य को अपनी अन्त:स्फुरणा का अनुसरण जरूर करना चाहिए,
किन्तु अन्त:स्फुरणा, अन्तर्प्रेरणा कायर हृदय में जन्म नहीं लेती।
इससे अन्तत: मनुष्य को अपनी भावना को संयमित करके
अपने जीवन का ध्येय और जीवन के सिद्धान्त निश्चित करके
जीवन के इन्हीं मूल्यों से जीवन जीना सीखना होगा।

यही मनुष्य की सच्ची स्वतंत्रता, सच्ची स्वाधीनता है।

अनुकूलताओं में भावनाएँ अनियंत्रित हो जाती हैं।
प्रतिकूलताओं में भावनाओं का विकास होता है।

मनुष्य को तकलीफें या प्रतिकूलताएँ पसन्द नहीं आतीं,
परन्तु वास्तव में प्रतिकूलताएँ ही मनुष्य को बनाती हैं।
अगर मनुष्य को सभी जगह अनुकूलताएँ ही मिलें,
तो उसकी भावनाओं का विकास नहीं होता,
वे बेकाबू हो जाती हैं।
जिस प्रकार बिना किसी अवरोध के आनेवाला,
बहता हुआ पानी हरहराता हुआ नीचे की ओर गति करता है
वैसे ही बिना मुश्किलों का जीवन मनुष्य को पतन की ओर ही ले जाता है।

जब मनुष्य के सामने मुश्किलें आती हैं,
जब वह प्रतिकूलताओं का सामना करता है
तब उसकी भावनाओं का विकास हो सकता है।
मुश्किलों से रास्ते खोजने में, संघर्षमय जीवन जीने से
अनायास मन पर संयम विकसित होता है।
शायद इसी वजह से
गाँव के या पहाड़ी प्रदेश के लोग
अपेक्षाकृत शान्त, प्रसन्न और परिपक्व लगते हैं।

इससे यह निष्कर्ष भी निकलता है कि
अन्ततः शिक्षा का मर्म उपयुक्त, क्रमिक मुश्किलों द्वारा

भावनाओं के निर्माण का धीरे-धीरे पोषण करने में है।
मनुष्य के आत्मविश्वास को विकसित करने का यही मार्ग हो सकता है।

भावुक न रहकर मूल्यनिष्ठ बनकर जीना
अर्थात् सिद्धान्तों को केन्द्र में रखकर जीना।

सिद्धान्त यानी जीवन से जुड़े ऐसे सत्य
जिनके अनुसरण से मिलनेवाले परिणाम निश्चित हैं,
सिद्ध है, साबित हो चुके हैं।

मनुष्य अपने समय, संयोगों और परिस्थिति अनुसार
इन सिद्धान्तों पर आधारित
एक ऐसी मूल्यव्यवस्था निश्चित करता है,
जिसके आधार पर वह अपना जीवन जी सके।
जैसे किसी राष्ट्र के जीवन का नियमन
उसके संविधान द्वारा होता है
उसी प्रकार यह मूल्यव्यवस्था भी
सम्बन्धित व्यक्ति के जीवन में संविधान का काम करती है।

दूसरे शब्दों में कहें तो यह मूल्यव्यवस्था
मानव जीवन में नक्शे का काम करती है।
इस नक्शे की सहायता से मनुष्य
जीवन में आज जिस जगह खड़ा है
वहाँ से उसे जिस जगह जाना है,
उस ओर वह गति करता है।

मूल्यों के ऊपर आधारित जीवन जीना सीखकर ही
मनुष्य भावनाओं के आवेश से मुक्त रहकर
अपना जीवन जीना सीख सकता है।

संयोगों, घटनाओं या परिस्थितियों से पैदा होनेवाली
भावनाओं पर आधारित, भावनावश होकर जीवन नहीं जीना है,
तो जीवन जीना कैसे है?

मनुष्य जीवन का चयन कर सके
इसके लिए उसे कोई-न-कोई आधार तो चाहिए ही।
वह भावनाओं से उत्तेजित होकर प्रतिक्रियात्मक जीवन न जिये,
उसके लिए, अपने वाणी-बर्ताव-व्यवहार के लिए
उसे एक सन्दर्भ, एक आधार की रचना करनी पड़ती है।
यह सन्दर्भ, यह आधार उसकी मूल्यव्यवस्था है।
मूल्यव्यवस्था अर्थात्
जीवन जीने के लिए मनुष्य का एक ऐसा समग्र सन्दर्भ
जो विविध मूल्यों से बना हो।

मनुष्य भिन्न-भिन्न परिस्थितियों में इस प्रकार सोचे कि
"मुझे इन परिस्थितियों में क्या करना चाहिए?..."
तो उन क्षणों में मनमाना व्यवहार करने के बजाय
वह मूल्यनिष्ठ, योग्य व्यवहार कर सकेगा।

ऐसे मूल्यनिष्ठ 'संविधान' से मनुष्य जिये
तभी वह प्रतिक्रियात्मकता के दुष्चक्र से छूटकर
प्रत्युत्तर देकर ऐसे कर्मशील हो सकता है,
जिससे जीवन में उसकी निरन्तर प्रगति होती है।

मनुष्य जब अपनी भावनाओं के तूफान को संयमित करना सीख ले
और भावनाओं से जीने के बजाय
अपने निजी मूल्यों से जीवन का चयन करे,
तब वह भावुकता के दुष्चक्र से क्रमशः छूट सकता है।

जब-जब हम जीवन का चयन करते हैं,
तब हर बार चयन करने की हमारी
क्षमता और सामर्थ्य में वृद्धि होती है।

जीवन के प्रत्येक क्षण हमारे पास
इस तरह से जीवन का चयन करने का,
अपना विचार-वाणी-व्यवहार तय करने का,
जीवन से जुड़े छोटे-बड़े निर्णय लेने का
यह तय करने का अवसर होता है कि विविध परिस्थितियों में क्या करना चाहिए।
इन अवसरों को पहचानना, अवसर को तुरन्त पकड़ लेना
जीवन की प्रत्येक परिस्थिति में विकल्पों को जाँचना
और फिर वर्तमान परिस्थिति में अपनी बुद्धिशक्ति अनुसार
अच्छे से अच्छा प्रत्युत्तर देना
प्रगतिशील जीवन जीने की पद्धति है।

जीवन की सार्थकता
निरन्तर अन्य मनुष्यों को समझने में
अर्थात् श्रवणकला सीखने में है।

जो लोग संवेदनशीलता का मर्म समझते हैं,
वे जानते हैं कि
मानव बनने का अर्थ ही है संवेदनशील बनना।
हमेशा दूसरों की मनोदशा, अन्तर्दशा को समझना।
मनुष्य जीवन की अगर कोई अद्‌भुत बात है तो वह
उसके अन्य मनुष्यों को समझ सकने की सामर्थ्य में है।

मनुष्य जीवन की सार्थकता
मनुष्यमात्र के भीतर छिपी पड़ी शक्ति को,
बाहर निकालने के पुरुषार्थ में है।
मानव के रूप में हमारे भीतर की 'सम्भावनाओं' का अर्थ ही है :
हमारी अपनी भावनाओं एवं विचारों को,
अपनी मान्यताओं को देखने से आनेवाली सभानता और
दूसरों की भावना, विचार एवं मान्यताओं को
समझ सकने की हमारी संवेदनशीलता।
इस सभानता और संवेदनशीलता को विकसित करना ही
मनुष्य के चरित्र का प्रशिक्षण है।

जब मनुष्य हमेशा दूसरों को समझने की कोशिश करता है
तब उसका हृदय महानता की ओर विस्तारित होता है।

जब मनुष्य सिर्फ अपनी भावनाओं से बँधा न रहकर
दूसरों की भावनाओं को समझने का प्रयास करता है,
दूसरों के विचार और मान्यताओं को समझ सकता है
तब वह अपनी भावुकता के शिकंजे से
पूर्णतः मुक्त हो सकता है।

उसकी इस मुक्ति का कारण इतना ही है कि
उसने अपनी भावनाओं की अनुभूति के उपरान्त
दूसरों के भावनाओं-विचारों-मान्यताओं को समझने का भी प्रयास किया।

वह अपनी भावनाओं के समक्ष लाचार न रहा,
उसने खुद दूसरों को समझने का पुरुषार्थ किया।
उसने जीवन में असहायता के खिलाफ विकल्प खड़े किए।

ऐसा करने से हृदय की संकुचित पीड़ा और शिकायतें
अपने-आप झड़ गईं, अनुपस्थित हो गईं।
क्योंकि अब उस हृदय को
अन्य मनुष्यों के हृदयों को जानने की अभीप्सा है।

या यूँ कहें कि
भावुकता के तूफान के बीच
एक महकता हृदय-पुष्प खिल उठा है!

विविध संवेदनाओं की समझ

वेदना का अर्थ

जीवन में दुःख ही न हो तो कितना अच्छा!

हम मन से ऐसा चाहते हैं
कि हमारे जीवन में दुःख ही न हो
तो कितना अच्छा!

हम दुखी, हताश और निराश होना नहीं चाहते।
हम हमेशा आनन्द, सुख में रहना चाहते हैं।
किन्तु क्या यह सम्भव और वांछनीय है या नहीं?

यदि जीवन में दुःख ही न होता तो?

कल्पना कीजिए कि हमारे जीवन में दुःख ही नहीं है।
जीवन की प्रत्येक परिस्थिति में हमें
सुख, खुशी और आनन्द का ही अनुभव होता रहता है।

कल्पना कीजिए कि हमने आज तक
दुःख का अनुभव किया ही नहीं है!
तो बिना दुःख का जीवन कैसा होता?

क्या हम ऐसे जीवन को चयन करेंगे?

भोजन में केवल मिठाइयाँ ही खानी पड़ें तो...?

यदि कभी बिना दुःख के जीवन की कल्पना
नहीं हो सकती हो तो
भोजन में केवल मिठाइयाँ ही खानी हों
तो कल्पना कीजिए, हमारी क्या स्थिति होगी?

शायद अब आप तुरन्त ही कहेंगे
कि भोजन में तो मिठास के अतिरिक्त दूसरे रस—
खट्टा, नमकीन, तीखा, कसैला, कड़वा हों,
तभी तो भोजन का मजा है।

दुःख के बिना आनन्द का अस्तित्व सम्भव है या नहीं?

जिस प्रकार भोजन में अलग-अलग सभी रस हों
तभी भोजन में मिठास का कोई अलग महत्त्व है
उसी प्रकार जीवन में भी
दुःख हो तभी सुख का अलग महत्त्व होगा।

जिस तरह सिर्फ मिठास अन्ततः घृणित बन जाती है
उसी तरह केवल 'सुख' भी हमें कष्ट देता है।

भिन्न अनुभूतियों के कारण ही
हम सुख का आनन्द उठा सकते हैं।

दुःख में भी आनन्द होता है...!

सम्भवतः हम सुख, मजा, आनन्द आदि शब्दों के
बीच का अन्तर न जानते हों।
इसलिए शायद हमने यह मान लिया हो
कि सुख ही आनन्द है और
दुःख तथा आनन्द कभी एक साथ नहीं हो सकते।

परन्तु जीवन तो अत्यन्त गूढ़ है!
यहाँ कितनी सारी विरोधाभासी वास्तविकताएँ सत्य होती हैं!

दुःख में आनन्द हो, उसका एक उदाहरण

मान लीजिए कि किसी लकवाग्रस्त मरीज का इलाज चल रहा है।
उसका समग्र बायाँ अंग लकवाग्रस्त है।
यानी कि शरीर के समग्र बाएँ भाग में उसे
किसी भी प्रकार की संवेदना का अनुभव नहीं होता :
न सुख का, न दुःख का, न ठंड का, न गरमी का।

मान लीजिए कि उपचार के दरम्यान
मरीज अचानक उसके बाएँ पैर में सूई चुभने से
दुःख का, तीक्ष्ण पीड़ा का अनुभव करता है,
तो वह साथ-साथ आनन्द से भी नाचने लगेगा या नहीं?

सुख और दुःख तो मन की उपज हैं

बहुत से लोगों के पास धन-दौलत हो,
अद्यतन सुख-सुविधाएँ हों, गाड़ी-बंगला हो
फिर भी उन्हे सतत् दुःख ही रहता है।
जबकि उनकी अपेक्षा कम सम्पत्ति वाले,
उनसे तो बहुत ही गरीब कहलाएँ
ऐसे मनुष्य भी उनकी तुलना में
खूब सुखी, सन्तुष्ट और खुश होते हैं।
इसका क्या अर्थ है? इससे क्या निचोड़ निकले?

एक ही परिस्थिति में कोई दुखी होता है तो कोई खुश!

एक ही परिस्थिति, एकसमान संयोगों में रहनेवाले दो मनुष्यों में
ऐसा भी हो सकता है कि
एक अत्यन्त दुखी हो जाए और दूसरा आनन्द से नाचने लगे

उदाहरण—
दो विद्यार्थी अपने परिणाम की प्रतीक्षा कर रहे हैं।
एक की धारणा 80% की है तो दूसरे की 60% की है।
दोनों का परिणाम 75% आता है।
तो एक दुखी होगा और दूसरा आनन्द से नाचेगा!

इसीलिए वेदना जीवन का आवश्यक भाग है

इतनी चर्चा के बाद हम
अपनी कुछ गलत मान्यताओं को छोड़कर
दुःख, पीड़ा और वेदना के विषय में
जो सही में हकीकत है, जो सत्य है,
उसे अच्छी तरह से समझें और स्वीकार करें।

वेदना जीवन का ही हिस्सा है,
और वह अत्यन्त आवश्यक है, इस बात का स्वीकार करें।

वेदना जीवन की निशानी है

- सुख एवं दुःख, दोनों जीवन की
  एकसमान महत्त्वपूर्ण अनुभूतियाँ हैं।

- दोनों एक-दूसरे से अभिन्न हैं
  यानी एक के कारण ही दूसरे का अस्तित्व और महत्त्व है।

- सुख एवं दुःख, दोनों सापेक्ष (relative) हैं,
  परिस्थितियों को देखने की हमारे मन की दृष्टि हैं।

- दुःख एवं आनन्द की अनुभूति
  हमें एक साथ हो, यह भी सम्भव है।

समस्याओं का सामना करना या पलायनवाद—चयन आपका

जीवन में अनेक प्रकार की वेदनाओं का अनुभव होता है।
मनुष्य को हताशा, शोक, उदासी, अपराध-बोध, पछतावा,
गुस्सा, भय, उत्तेजना, तनाव आदि वेदनाएँ अच्छी नहीं लगतीं।
इस प्रकार की भावनाएँ उसे व्याकुल कर देती हैं,
उसे अस्वस्थ कर देती हैं।

इसीलिए वह इन सभी वेदनाओं से पलायन करने के लिए
इन समस्याओं से दूर भागने का प्रयत्न करता रहता है।

आवश्यक वेदना या अनावश्यक पीड़ा—पसन्द आपकी

जो जीवन जीने हेतु आवश्यक वेदनाओं को
झेलने, सहन करने के लिए मन से तैयार नहीं है
उनके लिए मात्र एक ही विकल्प शेष रहता है—
अनावश्यक पीड़ाओं को आजीवन बर्दाश्त करते रहना।

जैसे किसी की मृत्यु के दुःख को सहन करने के बजाय
कोई मनुष्य शराब की लत लगा ले
तो प्रिय पात्र के शोक को झेलने से पलायन करके
अन्ततः वह शराब के नशे की अनावश्यक पीड़ा सहन करेगा।

और अनावश्यक वेदना मिट नहीं जाती

शराब का नशा जब तक मन पर सवार रहता है,
तब तक भले ही प्रिय पात्र का शोक न सताये
किन्तु जैसे ही नशा उतरता है तो स्मृति पुनः लौट आती है,
वैसे ही प्रियपात्र के अवसान का शोक भी वापस आता ही है।

हमने जिसे प्रेम किया है,
उसे खो देने पर शोक की अनुभूति हो
उसे शान्तिपूर्वक सहना चाहिए
क्योंकि वह आवश्यक वेदना है।

सुख और दुःख का मायाजाल कैसा है?

हमारे जीवन में सुख और दुःख का मायाजाल ऐसा है
कि जिसके पीछे दौड़ते है
वह हाथ में आता ही नहीं!
और जिससे बचने के लिए भागते हैं
वह हमेशा पीछे ही पड़ा रहता है।

इसलिए हमें अपने मन को इस प्रकार शिक्षा देनी चाहिए,
कि वह सुख एवं दुःख के पीछे भी न पड़े,
न वह उनसे दूर ही भागे।

प्रत्येक संवेदना हमें कोई सन्देश भी देती है

हमें अलग-अलग परिस्थितियों में जो अनुभूतियाँ होती हैं,
वे कई बार हमें कोई सन्देश भी देती हैं;
वे हमें कुछ सिखलाना भी चाहती हैं।
जैसेकि अपराध-बोध 'कुछ ठीक नहीं है'
की ओर इशारा करता है।

तो इस तरह हमें जीवन में अलग-अलग वेदनाओं को सहते हुए,
उन्हें समझते और उनके द्वारा कुछ सीखते हुए
और इस प्रक्रिया द्वारा विकसित होना सीखना है।

वेदना है तो इस जीवन मे विकास सम्भव है।
तो आइए, हम वेदनाओं का स्वागत करना सीखें।

क्रोध का अर्थ

क्रोध किसे अच्छा लगता है?

क्रोध या गुस्सा किसी को भी अच्छा नहीं लगता :
अपना भी नहीं और दूसरे का भी नहीं।

फिर भी हममें से कोई क्रोध को रोक नहीं सकता है।
चाहे जितना चाहें, फिर भी
जब क्रोध आता है तब ज्यादातर हम
अपना संयम खो ही बैठते हैं।

यह क्रोध है क्या?

क्रोध आता है उस समय क्या होता है?

जब हमें क्रोध आता है उस समय
हमें थोड़ी देर के लिए कुछ भी भान नहीं रहता।

मानो हम समुद्र के किनारे खड़े हों
और एक शक्तिशाली लहर आकर हमें घसीट ले जाए,
वैसा ही कुछ हम महसूस करते हैं।

क्रोध की लहर उतर जाने पर
बाद में हम अत्यन्त पश्चात्ताप का अनुभव करते हैं
किन्तु तब तक जो होना है, वह हो चुका होता है!

क्रोध है क्या?

प्रकृति ने मनुष्य के भीतर कुछ भी अकारण
नहीं रखा है—क्रोध भी नहीं!

क्या है यह क्रोध?

जब कोई अन्य व्यक्ति हमारी भौगोलिक
अथवा मनोवैज्ञानिक सीमा में प्रवेश करने की कोशिश करता है,
और हमें लगता है कि वह हमें नुकसान पहुँचाना चाहता है
तब हमें गुस्सा या क्रोध आता है।

क्रोध की इस भावना से ही हम
उसके विरुद्ध लड़ाई लड़ते हैं,
और अपने अस्तित्व की रक्षा कर सकते हैं।

प्राणी मात्र के अन्दर गुस्सा आ सकता है...

आपने शायद यह निरीक्षण किया होगा कि
गली के कुत्तों का अपना एक क्षेत्र, अपना इलाका होता है।
उन्हें ऐसा लगे कि उनके क्षेत्र में
कोई अनजान व्यक्ति/प्राणी जबरदस्ती घुस रहा है,
और उससे उनके अस्तित्व को खतरा है,
तो वे गुस्सा हो जाते हैं
और जोर-जोर से भौंकने लगते हैं।

यह कुत्तों के अन्दर के गुस्से की प्राकृतिक प्रवृत्ति है।

प्रत्येक प्राणी का अपना एक सुरक्षा का क्षेत्र होता है

आपको शायद पता होगा कि जंगल में भी
बाघ-सिंह जैसे प्राणियों का अपना एक निश्चित क्षेत्र होता है।
इस क्षेत्र के भीतर उनके जैसे अन्य शक्तिशाली प्राणी
प्रवेश न करें, ऐसी उनकी स्वाभाविक समझ होती है।

यदि प्रवेश करें तो उनके बीच
विधिवत् युद्ध होता है—जो जीते उसका वह क्षेत्र।

संक्षेप में, प्रत्येक प्राणी का अपना
सुरक्षा का निश्चित इलाका होता है।

हमारी भी मनोवैज्ञानिक सुरक्षा की एक सीमा होती है

प्रत्येक मनुष्य का भी अपना एक निजी क्षेत्र होता है।
इन क्षेत्रों की हद में कोई जबरदस्ती घुसपैठ करने की कोशिश करे,
तो उसे गुस्सा आता है।

उदाहरणत: कोई मेरी अयाचित, अनचाही आलोचना करता है,
मेरी किसी अत्यन्त निजी बात पर टिप्पणी करता है,
अथवा वह मेरे जीवन को नियंत्रित करने की कोशिश करता है
तो मुझे स्वाभाविक रूप से असुरक्षा का अनुभव होता है,
और उसके प्रतिबिम्ब-रूप में मेरे भीतर गुस्सा आता है।

एक उदाहरण द्वारा इसे समझें

मान लीजिए मैं किसी पारिवारिक समस्या का सामना कर रहा हूँ।
इस समस्या को लेकर मैं खूब असमंजस में हूँ।
व्यक्तिगत समस्या होने से मैं उसकी चर्चा करने में
संकोच अनुभव करता हूँ।

मेरा एक परिचित व्यक्ति जो मेरा घनिष्ठ मित्र नहीं है,
उसे इस विषय में किसी तरह पता चलता है,
मैंने उसे बिनमाँगी आलोचना करने या सलाह देने का
कोई भी अधिकार नहीं दिया है।
फिर भी वह मुझे सलाह देने लग जाता है...
मुझे गुस्सा आएगा या नहीं?

गुस्सा न होता तो आपको कुचल दिया जाता

मान लीजिए आप कभी भी गुस्सा करें तो क्या होगा?

आप पर कोई जबरदस्ती कर रहा है, आप गुस्सा नहीं होते।
कोई आपकी निन्दा करता है, आप चुपचाप सहन कर लेते हो।
कोई आपसे छेड़खानी करता है, आप कुछ बोलते नहीं।
कोई आपकी कोई चीज छीन लेता है, आप कोई प्रतिक्रिया नहीं देते!

आपके साथ चाहे जो भी हो, आप गुस्सा नहीं होते...
...तो दिन में असंख्य बार लोग आपको हैरान करेंगे और
अपने पैरों के नीचे आपके अस्तित्व को ही कुचल डालेंगे या नहीं?

क्रोध आना हमेशा बुरी बात नहीं होती

प्रकृति ने किसी भी चीज का सृजन किसी कारण से किया होता है।

सम्भव है कि आप आज तक
क्रोध करने को बुरी बात मानते हों।

तो आज ठीक से नोट कर लें
कि क्रोध या गुस्सा कोई खराब बात नहीं है।
'क्रोध आना' यह नैसर्गिक है
और जीवन का अस्तित्व टिकाए रखने के लिए यह आवश्यक है।

सहनशक्ति एक हद के बाद सद्‌गुण नहीं रहती

सहनशक्ति और सहिष्णुता जीवन के सद्‌गुण हैं।
किन्तु कोई भी सद्‌गुण एक सीमा के बाद दुर्गुण बन जाता है।

दूसरे लोगों की पसन्द-नापसन्द हमसे भिन्न हो,
उन परिस्थितियों में हमें सहिष्णु बने रहना चाहिए।

छोटी-बड़ी तकलीफों को सहन करना हमें सीखना चाहिए।

परन्तु अन्याय, दमन, अत्याचार...
यह सब चुपचाप सहन करना गुण कहलाएगा?
वाकई में तो यह सब सहन न करने को ही गुण कहा जाएगा या नहीं?

क्रोध के सम्बन्ध में यह रहा मनुष्य के लिए आदर्श...

कभी भी किसी पर क्रोध न करना आदर्श नहीं हो सकता।

क्रोध को लेकर आदर्श बात यह है कि
मनुष्य को गुस्सा कब करना चाहिए, कब नहीं करना चाहिए,
गुस्सा किस समय करना, कितनी मात्रा में करना,
किस प्रकार करना, कितनी उत्कटता से करना,
कब और कहाँ रुक जाना और
क्रोध करने के बाद भी क्या करना—
यह सभी जानना और उसके अनुसार आचरण कर सकना।

क्रोध आत्म-संयम के साथ एवं विवेकपूर्वक करना चाहिए

मनुष्य का विकास यानी उसके आत्म-संयम का विकास।
मनुष्य जो कुछ भी करे वो चयन कर करे, संयम से करे
वह हमेशा अपने आत्मनियंत्रण में हो, यह आदर्श है।

इसी प्रकार प्रत्येक परिस्थिति की उसे ऐसी गहरी समझ हो
कि वह विवेकपूर्वक अपना कर्तव्य निश्चित कर सके
वह उसके अस्तित्व के लिए दूसरा आदर्श है।

इसलिए कोई मनुष्य पूरे आत्मसंयम के साथ एवं विवेकपूर्वक
यदि क्रोध को अभिव्यक्त कर सकता है
तो यह उसकी महानता कही जाएगी।

क्रोध किस ढंग से व्यक्त कर सकते हैं?

क्रोध की भावना को अभिव्यक्त करना भी एक कला है।

कभी विचारपूर्वक और आत्मनिरीक्षण करने के बाद,
तो कभी मौके पर ही स्वत:स्फूर्त क्रोध करना चाहिए।

कभी-कभी वेदनाहीन प्रशान्त होकर और कभी शान्त हृदय से तो कभी जोर से,
कभी-कभी केवल शारीरिक हाव-भाव से तो कभी-कभी शब्दों के द्वारा;
कभी बोलकर तो कभी लिखकर
और कभी सब कुछ करके क्रोध कर सकते हैं।

क्रोध कैसे करना चाहिए, इसका
औचित्य और सन्तुलन निश्चित करने में ही विवेक की साधना है।

कब-कब क्रोधित होना उचित है?

कोई बिना पूछे आलोचना करे या हमारे निजी मामले में चोंच मारे, हस्तक्षेप करे,
हमारी धन-सम्पत्ति पर अनधिकृत कब्जा करने का प्रयत्न करे,
हमारे अधिकारों पर झपट्टा मारने की कोशिश करे, हम पर अन्याय होता हो, हमारे सम्बन्धों के बारे में कोई अशोभनीय टिप्पणी करे,
अपने बन्धु-बान्धवों पर अत्याचार या दमन हो रहा हो,
हमारे विचारों और आदर्शों को जबरदस्ती से कोई दबाने की कोशिश करे...

...ऐसे प्रसंगों और परिस्थितियों में क्रोध करना,
गुस्सा होना बिलकुल उचित है, हमारा धर्म है।
वैसा हम अन्तरात्मा को साक्षी मान कर तय कर सकते हैं।

क्रोध कब नहीं करना चाहिए?

जब हम अपने ही नियंत्रण में न हों,
हमारा कोई हितैषी हमारे भले के लिए कुछ कहे,
हानि न पहुँचाने के इरादे से कोई हमें सलाह दे,
यदि हमारे साथ कोई जबरदस्ती न हो रही हो,
यदि कोई हम पर हावी होने की कोशिश न कर रहा हो,
जब गुस्सा करने से कुछ सिद्ध न होनेवाला हो—
ऐसी सभी परिस्थितियों में क्रोध नहीं करना चाहिए।
समझदारी के सहारे हम ऐसा तय कर सकेंगे।

डिप्रेशन का अर्थ

डिप्रेशन की भावना का अर्थ क्या है?

हम सामान्य तौर पर ऐसा समझ सकते हैं कि
डिप्रेशन (Depression) यानी हताशा की भावना।

किन्तु वास्तव में 'डिप्रेशन' अँग्रेजी शब्द है।
और वह हकीकत में 'डिप्रेस' (to depress) शब्द से बना है।
डिप्रेस यानी किसी नकारात्मक भावना के नीचे दब जाना।

मनुष्य को जब ऐसी भावना होती है तब वह
हताश और उदास लगता है,
किसी भावना के नीचे दब जाता है।

डिप्रेशन होने पर क्या होता है?

मनुष्य को जब डिप्रेशन होता है तब वह हताशा का अनुभव करता है।
वह बहुत उदास और दुखी लगता है।
वह किसी विचित्र प्रकार की असमंजस भरी अवस्था में होता है।

उसे अन्दर-ही-अन्दर कुछ तय करना होता है,
किन्तु किसी कारणवश वह ऐसा नहीं कर सकता है;
इसलिए वह अपने भीतर तनाव भी महसूस करता है।

आपने ऐसा डिप्रेशन कभी तो अनुभव किया ही होगा।

डिप्रेशन यानी कुछ छोड़ने की हिचकिचाहट या कश-म-कश

वैज्ञानिक तरीके से समझने की कोशिश करें तो
डिप्रेशन यानी कुछ छोड़ने की हिचकिचाहट या कश-म-कश।

हम एक मकान छोड़कर दूसरे मकान में रहने जाते हैं, उस समय;
एक विद्यालय छोड़कर दूसरे विद्यालय में जाएँ, उस समय;
कॉलेज जीवन को छोड़कर व्यावसायिक जीवन में प्रवेश करें तब;

ब्याह होने पर बेटी घर से पति के घर जाने के लिए विदा हो तब;
अथवा किसी प्रियजन की मृत्यु हो तब-तब
हमें इस डिप्रेशन की भावना का अनुभव होता है।

डिप्रेशन यानी मान्यता को त्याग करने की हिचकिचाहट/कोशिश

जिस तरह किसी भौतिक स्थान या किन्हीं व्यक्तियों का त्याग करते समय
मनुष्य को डिप्रेशन का भाव अनुभव होता है,
उसी तरह एक मान्यता को छोड़कर, दूसरी मान्यता को स्वीकार करने में भी
वह इस प्रकार के डिप्रेशन का अनुभव करता है।

उदाहरणत : किसी स्वस्थ शरीरवाले व्यक्ति को रोग हो जाए
तब वह इसलिए डिप्रेशन का अनुभव करता है कि
मैं स्वस्थ और निरोगी शरीरवाला व्यक्ति हूँ, इससे
वह जल्द मान नहीं पाता, मुझे भी रोग हो सकता है।

डिप्रेशन यानी
एक को छोड़कर दूसरे को पकड़ने की कश-म-कश

एक स्थान अथवा मान्यता को छोड़कर
दूसरे स्थान या मान्यता को स्वीकार करना
यह एक प्रक्रिया है और डिप्रेशन की भावना उसकी सूचक है।

डिप्रेशन की भावना यानी
जिसका त्याग करने की आवश्यकता है,
जिसका त्याग किए बगैर जीवन-विकास सम्भव नहीं है,
उसका त्याग करने में हिचकिचाहट या संघर्ष या कश-म-कश।

मनुष्य के स्व-विकास की प्रक्रिया में डिप्रेशन की भूमिका

हम यह तो समझ चुके हैं कि
डिप्रेशन एक प्रकार की हिचकिचाहट और तनाव है।
किसी एक का त्याग करके दूसरे किसी का स्वीकार करने के
प्रयास की प्रक्रिया में ही डिप्रेशन उत्पन्न होता है,
और इस प्रक्रिया को ही हम स्व-विकास कहते हैं।

इसलिए डिप्रेशन की भावना तो वास्तव में
यही बताती है कि स्व-विकास की प्रक्रिया की शुरुआत हो चुकी है।
इसलिए यह घटना वाकई में स्वागत के योग्य है।

डिप्रेशन सामान्य तौर पर सकारात्मक बावत है

हम डिप्रेशन को नकारात्मक, खराब भावना मानते हैं,
किन्तु वास्तव में ऐसा बिलकुल नहीं है।
वास्तव में डिप्रेशन तो स्व-विकास की प्रक्रिया का सूचक है।

हमें केवल इस डिप्रेशन से सभान होकर,
उसके कारण-रूप घटना या तनाव को पहचान कर
अपने जीवन-विकास के लिए जिसको त्याग करने की जरूरत है,
उसको त्याग करने का अनुशासन ही विकसित करना है।

डिप्रेशन के बाद मान्यता बदलने का उदाहरण

एक स्त्री को उसका पति हर रविवार
शाम को बाहर घूमने जाने के लिए कहता था।
परन्तु उस स्त्री की सास रविवार को
उसी समय मन्दिर जाने का आग्रह करती थी।

स्त्री यदि पति के लिए बाहर जाए तो सास नाराज हो।
स्त्री यदि मन्दिर जाती तो खुद और पति—दोनों नाराज होते।
और यदि वह किसी भी जगह न जाए तो घुटन अनुभव करे।

तदुपरान्त ऊपर के तीनों विकल्पों में से बारी-बारी भी
कुछ करे तो भी वह सतत् डिप्रेशन का अनुभव करे।

अन्ततः मुझे सभी को खुश रखना चाहिए और यह सम्भव है।
इस मान्यता का उसने त्याग किया, तब उसका डिप्रेशन समाप्त हुआ।

डिप्रेशन के बाद मान्यताएँ अधिक परिपक्व और वास्तविक बनती हैं

पहले के उदाहरण में वह स्त्री ऐसा मानती थी कि
मुझे सभी को खुश रखना चाहिए और ऐसा करना सम्भव है।

वास्तव में कोई भी मनुष्य हमेशा सभी को खुश नहीं रख सकता
और उसे ऐसा करना जरूरी भी नहीं है।

इसलिए उस स्त्री ने यह स्वीकार किया कि
अब से मुझे जो अच्छा लगेगा वैसा करूँगी,
सबका ध्यान रखने का प्रयत्न करूँगी, फिर भी
कभी कोई नाराज हो जाए तो वह मेरी समस्या नहीं है।
यह स्वीकार करने के बाद उसकी सोच अधिक वास्तविक बनी
और वह अधिक परिपक्व।

मान्यताओं को छोड़ना मृत्यु के समान अनुभव है

हमारी मान्यता ही हमारा अस्तित्व है।
इसलिए किसी मान्यता को छोड़ना यह
अपने किसी अंश की मृत्यु होने के बराबर है।

किन्तु दो विरोधी मान्यताएँ एक साथ अस्तित्व नहीं रख सकतीं।
इसलिए सही मान्यता का स्वीकार हो सके उससे पहले
गलत मान्यता की मृत्यु हो, हम उसका त्याग करें,
यह स्वाभाविक रूप से आवश्यक घटना है।

इस प्रक्रिया में ही डिप्रेशन उत्पन्न होता है।
हम इसमें उतनी कम पीड़ा भोगे जितना सम्भव हो,
इस बात का ध्यान रखें।

स्वास्थ्यप्रद डिप्रेशन और अस्वास्थ्यप्रद डिप्रेशन

डिप्रेशन कोई मानसिक रोग नहीं है,
वास्तव में तो यह मानसिक विकास का सूचक है।

परन्तु विकास की इस प्रक्रिया में हम कहीं थम जाएँ,
अपने पुराने अंश का परित्याग कर ही न पाएँ,
तो डिप्रेशन की प्रक्रिया अत्यधिक लम्बी हो जाती है।
यह अनावश्यक पीड़ा अन्ततः रोग का स्वरूप धारण करती है।

कम समय का डिप्रेशन, उपयुक्त पीड़ा स्वास्थ्यप्रद है।
लम्बे समय का डिप्रेशन,
अनुपयुक्त, अनावश्यक पीड़ादायी, अस्वास्थ्यप्रद है।

जीवन में तनाव भी जरूरी है

जैसे किसी भी तन्तुवाद्य के ढीले तारों से
संगीत उत्पन्न नहीं हो सकता,
वैसे ही किसी भी प्रकार के तनावों की अनुपस्थिति में
मनुष्य का विकास भी सम्भव नहीं है।

जैसे अत्यधिक कसा हुआ तार टूट सकता है,
वैसे ही अत्यधिक तनाव मनुष्य को नुकसान पहुँचाता है।
शरीर को सशक्त रखने के लिए थोड़ी मात्रा में तनाव जरूरी है,
इसलिए अधिक तनाव को हम अनावश्यक ऐंठन कहते हैं।

मनुष्य की प्रगति के अनुसार डिप्रेशन की अवधि बदलती है

मनुष्य जैसे-जैसे डिप्रेशन को सही ढंग से जीने की कोशिश करता है
वैसे-वैसे उसकी डिप्रेशन की अवस्था में रहने की और
डिप्रेशन की पीड़ा झेलने की अवधि क्रमशः कम होती जाती है।

अभ्यास करते-करते ऐसा समय भी आता है
कि क्षणभर में मनुष्य किसी गम्भीर बात के प्रति सजग होकर
अत्यन्त मानसिक गति उसे छोड़कर,
जो बात सच्ची है, वास्तविक है, उसे पकड़ लेता है।

ऐसा व्यक्ति क्षणभर ही डिप्रेशन की पीड़ा का अनुभव करता है।
ऐसा कह सकते हैं कि उसने स्व-विकास की प्रक्रिया में
कौशल प्राप्त कर लिया है।

फिर धीरे-धीरे मनुष्य डिप्रेशन की कला में निपुण हो जाता है

जैसे-जैसे मनुष्य के मन का लचीलापन विकसित हो,
वह नई जानकारी, विषय या घटनाओं के प्रति
अधिक विशाल मन का हो तो
सम्भव है कि हताशा अनुभव करने की अवधि क्रमशः घटती जाए।

जीवन जीने की कला में निपुण मनुष्य
क्षणभर में हताशा को उसकी तीव्रता के साथ संवेदित होकर,
उसके अनुभव से गुजरकर, सीखकर बदल सकता है;
और स्वाभाविक रूप से इस तरह से जीनेवाला मनुष्य
अपने जीवन-विकास के विषय में हिरन-चौकड़ी भरता हो,
वैसा हो सकता है।

मनुष्य के जीवनकाल के दरम्यान डिप्रेशन के अवसर

जीवनकाल दरम्यान हमें कैसी-कैसी बातों को छोड़ना होता है,
कुछ सामान्य बातों के उदाहरण :

बालकों का परावलम्बी मस्तिष्क, किशोरावस्था का मुग्ध मानस,
ऐसी परिकल्पना कि हम सर्वशक्तिमान हैं,
माता-पिता के विषय में हमारी विकृत या अवास्तविक मान्यताएँ,
किसी भी प्रकार की जिम्मेदारी न लेने की 'आजादी',
यौवन की चपलता और शक्ति, सन्तानों पर हमारा वर्चस्व,
हम अमर होंगे ऐसी मान्यता, सत्ता के विविध स्वरूप,
वृद्धावस्था में स्वावलम्बन और शारीरिक स्वास्थ्य इत्यादि।

अपराध-बोध का अर्थ

हम सभी ने अपराध-बोध का अनुभव किया है...

अपराध यानी गुनाह, कोई न करने जैसा कृत्य।

अपराध-बोध यानी पाप की ग्लानि या दोषी होने की भावना।
(Feeling of Guilt)
ऐसी भावना कि मुझसे कुछ ऐसा हो गया है
जो मुझे नहीं करना चाहिए था।

हम कई बार ऐसे भावों का अनुभव करते हैं।
कभी हम अपराध भाव से सजग होते हैं,
तो कभी हम अपराध भाव का अनुभव तो करते हैं
किन्तु हम उसके प्रति सजग नहीं होते।

अपराध-बोध और मनुष्य का चरित्र-निर्माण

मनुष्य को जिन संवेदनाओं या भावनाओं का अनुभव होता है
उन सबके पीछे कोई अर्थ या सन्देश निहित होता है।
अपराध-बोध की भावना के पीछे प्रकृति का क्या उद्देश्य होगा?

इसे समझने के लिए सबसे पहले हमें
मनुष्य के चरित्र-निर्माण की प्रक्रिया को समझना पड़ेगा।

मनुष्य के चरित्र के दो महत्त्वपूर्ण आधारस्तम्भ हैं—
ईमानदारी और चरित्र की सत्यनिष्ठा।

अपराध-बोध मनुष्य के चरित्र की सत्यनिष्ठा की
साधना में सहायता करता है।

चरित्र की सत्यनिष्ठा, एकसूत्रता का अर्थ?

मनुष्य के चरित्र की सत्यनिष्ठा, एकसूत्रता यानी
उसके विचार, वाणी और व्यवहार में सम्बद्धता होना।

यानी कि मनुष्य जैसा सोचता है, वैसा ही कहे और करे—
इसे हम मनुष्य के चरित्र की सत्यनिष्ठा कहते हैं।
सीधी और सरल भाषा में—
'ईमानदारी' अर्थात् मनुष्य जो करता है, वही कहे।
'चरित्र की सत्यनिष्ठा' यानी मनुष्य जो कहता है, वही करे।

महात्मा गांधी ईमानदार भी थे
और उनमें चरित्र की सत्यनिष्ठा भी थी।

'चरित्र की सत्यनिष्ठा' और 'अपराध-बोध'

'चरित्र की सत्यनिष्ठा' यानी कोई भी मनुष्य
जैसा सोचता है या कहता है, वैसा ही करे।

दूसरे शब्दों में कहें तो—
उसके विचारों/मान्यताओं और आचरण,
इन दोनों के बीच सम्बद्धता अर्थात् सत्यनिष्ठा हो।

जब-जब यह सत्यनिष्ठा टूटती है
तब-तब मनुष्य जो भाव महसूस करता है, वही है अपराध-बोध।

अपराध-बोध यानी सत्यनिष्ठा परखने का सन्देश

मनुष्य अपराध-बोध अनुभव करता है इसका अर्थ यह है कि
उसकी मान्यताओं और आचरण में सत्यनिष्ठा नहीं है।

यानी कि मनुष्य जो मानता है, उसे वह कर नहीं रहा है,
अथवा वह जो कर रहा है, उसके अनुरूप उसकी मान्यताएँ नहीं हैं।

दूसरे शब्दों में कहें तो,
अपराध-बोध की भावना का अनुभव यानी ऐसा सन्देश कि
किसी निश्चित बात को लेकर मनुष्य को
उसकी मान्यता और आचरण को परखने की जरूरत है।

अपराध-बोध के दो भिन्न उदाहरण

मान लीजिए कि मैं ऐसा मानता हूँ कि
बच्चों को कभी मारना नहीं चाहिए।
अब अगर कभी बच्चों पर मेरा हाथ उठ जाता है,
तब मुझे अपराध भाव का बोध होता है,
क्योंकि मेरा आचरण मेरी मान्यता के अनुसार नहीं है।

मान लीजिए कि मैं जब-जब क्रोधित होता हूँ तब-तब
मैं अपराध भाव का अनुभव करता हूँ, क्योंकि
मैं ऐसा मानता हूँ कि गुस्सा बुरी बात है, इसलिए
ऐसा नहीं करना चाहिए।
यहाँ मेरी मान्यता गलत है, आचरण के साथ सुसंगत नहीं है।

अपराध-बोध : सत्यनिष्ठा को सन्तुलित करने का अवसर

पिछले उदाहरण द्वारा हम ऐसा समझ सके हैं कि
जब-जब हम अपराध भाव का अनुभव करें
तब-तब हमें दो में से एक को सन्तुलित करने की जरूरत होती है—
या तो हमें अपना व्यवहार सुधारने की जरूरत होती है,
या फिर अपनी मान्यता को बदलने की जरूरत होती है।

प्रथम उदाहरण में मुझे मेरे व्यवहार को बदलने की जरूरत थी
दूसरे उदाहरण में मुझे मान्यता को बदलने की जरूरत थी—
क्योंकि उचित कारण से कभी-कभी क्रोध करना भी पड़ता है।

अपराध-बोध हो ही नहीं तो क्या होगा?

मान लीजिए कि जीवन में हम जो कुछ भी करें,
हमें कभी भी अपराध-बोध हो ही नहीं, तो...?

तो हम कभी भी अपने व्यवहार के उपयुक्त होने का
विचार नहीं करेंगे। तो हम कभी भी
अपनी मान्यताओं की सच्चाई के विषय में विचार ही नहीं करेंगे।

जिनको अपने कृत्यों के कारण कभी भी अपराध-बोध नहीं होता,
ऐसे असंख्य मनुष्यों से हमारी जेलें भरी पड़ी हैं।

वास्तव में तो ऐसे मनुष्यों को बीमार अथवा अस्वस्थ कहा जाए :
उनको अपराध भाव महसूस कर सकने के लिए
उपचार की जरूरत होती है।

सामाजिक आचरण और अन्तरात्मा की आवाज

हमें जब-जब अपराध-बोध का भाव होता है
तब हमारी मान्यताएँ, निर्णय या कृत्य
दूसरों का या समाज का समर्थन प्राप्त नहीं कर रहे होते हैं।
इसका अर्थ यह हुआ कि
अपनी अपराध-बोध की भावना से मुक्त होने के लिए,
या तो हमें अपनी मान्यताओं, कृत्यों को बदलना होगा
अथवा समाज के समर्थन की अपेक्षा छोड़ दें।
इन दोनों में से किसी एक विकल्प का सही चयन
हम मात्र अन्तरात्मा को साक्षी मानकर ही कर सकते हैं।

अपराध-बोध की भावना कब दूर हो जाती है?

अपराध-बोध की भावना का अनुभव होते ही
हम अपनी मान्यता और आचरण को जाँच लें,
और जहाँ जरूरी लगे वहाँ सुधार कर लें;
फिर किसी अजब ढंग से अपराध-बोध दूर हो जाता है।

अपराध-बोध का अनुभव जाँचने की प्रक्रिया और सुधार—
इन तीन चरणों से गुजरने के बाद मनुष्य
थोड़ा अधिक उच्चस्तर पर चरित्र की सत्यनिष्ठा वाला बन जाता है।

इस तरह, अपराध-बोध मनुष्य के चरित्र-निर्माण में सहायक होता है।

अपराध-बोध का अभाव और अतिरेक : दोनों मानसिक रोग

यदि कोई मनुष्य यह कहता हो कि वह कभी भी अपराध-बोध का अनुभव नहीं करता तो या तो वह रोगी है या संत है।

जो गलत करता रहे, किन्तु अपराध भाव महसूस न करे तो वह रोगी है।
जो उच्च सजगता से जीता है, कुछ गलत करता ही नहीं, वह संत हैं।

कोई व्यक्ति लगातार अपराध भाव महसूस करता रहे,
वह सच्चा हो, अपने हक का ही जीता हो, फिर भी
अपराध भाव का अनुभव करता रहे,
तो वह भी एक प्रकार से बीमार मनोदशा ही कहलाएगी।

अपराध-बोध जीवन-पोषक ही होना चाहिए...

यदि हमारा अपराध-बोध हमारे लिए
किसी तरह के परिवर्तन और प्रगति का अवसर सूचित करता हो
तो उसे हमें बिना चूके प्रगति कर लेना चाहिए।

अपराध-बोध का प्रयोजन मनुष्य के विकास को पोषित करने,
उसकी मान्यताओं को ज्यादा यथार्थ बनाने
और उसके आचरण को अधिक उन्नत करने में सहायक बनना है।

इसलिए हमें यह अच्छी तरह याद रखना चाहिए
कि अपराध-बोध अन्ततः जीवन-पोषक होना चाहिए।

अपराध-बोध से जीवन को पोषित करने का एक उदाहरण

मान लीजिए कि मैं किसी व्यक्ति से बेहद प्रेम करता हूँ
और अपने किसी व्यवहार से मैं उसे हानि पहुँचा बैठूँ,
तो मैं स्वाभाविक रूप से बहुत अपराध-बोध का अनुभव करता हूँ।
मैं समझता हूँ कि मेरा आचरण गलत था।
जिसे हानि पहुँचाई है, उसके प्रति अपनी भूल को सुधार लेता हूँ।
और उसको दिये गए दुःख के बदले उसकी माफी माँगता हूँ।

इससे मेरे और उस व्यक्ति के—
दोनों के जीवन को पोषण मिलता हैं।

निरर्थक अपराध-बोध का एक उदाहरण

पहले के उदाहरण को ही हम आगे बढ़ाएँ।

मान लीजिए,, भूल सुधार लेने के बाद तथा
सच्चे हृदय से माफी माँगने के बाद भी
वह व्यक्ति दुखी ही रहता है।
उसके बाद अपने व्यवहार से मैं कभी भी
नुकसान नहीं पहुँचाता हूँ, फिर भी
वह व्यक्ति भूतकाल को नहीं छोड़ता है और
मुझे कोसता रहता है।

ऐसा हो सकता है कि उस व्यक्ति के दुखी होने के कारण
मैं अपराध-बोध का अनुभव करूँ—मैं भी दुखी हो जाऊँ।
किन्तु यह मुझे समझना चाहिए कि यह अपराध-बोध निरर्थक है।

अपराध-बोध को जीना सीखना सीखें!

अपराध-बोध को सजगता से जीना आसान नहीं है।

अपराध-बोध का अनुभव करने के लिए संवेदनशील बनना,
उसके बाद अपराध-बोध के प्रति सजग होना,
अपराध-बोध का विश्लेषण करना,
मान्यता और/अथवा व्यवहार में सुधार लाना,
निरर्थक अपराध-बोध का त्याग करना,

यह सब कुछ अत्यधिक अभ्यास चाहते हैं।
किन्तु इस अभ्यास में ही है जीवन की साधना!

सुख का अर्थ

सुख किसे नहीं चाहिए?

जीवन में किस मनुष्य को सुखी या खुश नहीं होना है?
सुख के पीछे कौन-सा मनुष्य नहीं भागता?

जन्म से लेकर मृत्युपर्यन्त हम जो कुछ भी करते हैं,
उन सब के पीछे का आशय तो अन्ततः
सुख की खोज ही होता है या नहीं?

परन्तु हम वाकई में सुखी हैं कि नहीं?
हमारे जीवन में जितना सुख है उतने से
वाकई में क्या हम सन्तुष्ट हैं?

यदि हाँ, तो फिर अब क्या हमें और सुख मिलेगा क्या?
यदि नहीं, तो फिर हम सन्तुष्ट क्यों नहीं हैं?

ऐसा हो सकता है कि सुख तो हमें चाहिए ही,
किन्तु सुखी होने का इरादा होने पर भी
हमें सुख का अर्थ पता ही न हो?
ऐसा भी तो हो सकता है कि सुखी होने की इच्छा होने के बावजूद
हमें सुखी होना आता ही न हो?

हम सुखी किस प्रकार हो सकते हैं?
खूब कमाकर, अधिक धनवान बनकर, गाड़ी-बंगले द्वारा

या फिर समाज में खूब नाम, कीर्ति कमाकर...?
क्या अच्छा खाना और कपड़े मिलें तो उससे सुखी हो जाते हैं?

गरीब भी दुखी होते हैं और अमीर भी दुखी होते हैं।
प्रसिद्ध लोग भी दुखी होते हैं और सामान्य जन भी।

क्या धन से सुखी हो सकते हैं?

धन और सुख के बीच क्या सम्बन्ध है?
हम अपने तथा औरों के जीवन का अवलोकन करें
तो हम तुरन्त ही समझ पाएँगे कि
जब हमारे पास धन नहीं था तब हम दुखी थे।
हमें खूब पैसा कमाना था, धनवान होना था।
परन्तु धन कमाने के बाद भी अगर वर्षों बाद पुनः अवलोकन करें
तो शायद ऐसा भी लग सकता है कि
जब धन नहीं था तब हम अधिक सुखी थे!

ऐसा लग सकता है कि धन मिलने पर सुख बढ़ता है,
किन्तु अधिक-से-अधिक धन से अधिक-से-अधिक सुख मिलता है,
अवलोकन करने पर हमें ऐसा लगता है या नहीं?

यदि धन मिलने से सुखी हो सकते हों
तो फिर धनवान लोग दुखी क्यों होते हैं?
लखपतियों के परिवार भी दुखी क्यों होते हैं?

एक बात तो तुरन्त समझ में आती है कि
मात्र धन मिलना सुखी होने की गारंटी तो नहीं ही है।

कभी-कभी ऐसा भी होता हुआ देखने को मिलता है कि
धन मिलने पर मनुष्य को और अधिक धन की इच्छा होती है।
उसे चाहे जितना भी धन मिल जाए, फिर भी सन्तोष नहीं होता।

शायद ऐसा भी हो सकता है न कि
मनुष्य अपने भीतर के खालीपन और शून्यावकाश को
दूर करने के लिए अधिक धन के पीछे दौड़ता हो?

धन और समृद्धि के बीच सम्बन्ध

आध्यात्मिक दृष्टिकोण से हम धन-सम्पत्ति को देखें तो
सुख, शान्ति और सन्तोष मनुष्य के हृदय में ही वास करते हैं।
किन्तु बहिर्मुख और भौतिकवादी होने के कारण
मनुष्य इन सभी विषयों को बाहर की दुनिया में ही ढूँढ़ता रहता है।

इसलिए जब मनुष्य धन-सम्पत्ति के पीछे दौड़ता है,
तब उसे हमेशा उससे सुख नहीं मिलता।
उससे उसके भीतर के खालीपन और शून्यावकाश नहीं भरते।
इस तरह यह सम्भव है कि धनवान लोग भी कंगाली का अनुभव करें।

वास्तव में सच्ची समृद्धि अर्थात्
जीवन का आनन्द लेने की मनुष्य की क्षमता।
जो वाकई समृद्ध हुआ है, वही सच्चा सुख पाता है।

दूसरे शब्दों में कहें तो
धन से मनुष्य को सुख मिले भी और शायद न भी मिले।
यदि धन हो, किन्तु मनुष्य जीवन का आनन्द न ले सके तो,
जीवन की छोटी-छोटी बातों में यदि वह
आनन्द का अनुभव न कर सकता हो तो फिर
चाहे जितना भी धन हो, वह उसे सुखी नहीं कर सकता।

इससे विपरीत, जीवन को पल-पल उत्कटता से जीनेवाला,
किसी समय धन न हो तो भी जीना नहीं छोड़ता।
जो मनुष्य अपने सुखी होने को धन पर आधारित नहीं कर देता
अन्ततः वह सच्चे सुख को पा सकता है।

धन सुख नहीं देता; धन के प्रति हमारी एप्रोच सुख देती है।

मेरा सुख और दूसरों का सुख

हमने देखा कि मनुष्य का सुख धन-सम्पत्ति पर आधारित नहीं है। सुख मनुष्य की एक मनोदशा है।

स्वाभाविक है कि जो तर्क हमने 'धन' के विषय में आजमाया, उसी तर्क से हम आसानी से ऐसा निष्कर्ष निकाल सकते हैं कि सुख किन्हीं भौतिक विषयों पर आधारित नहीं है, परन्तु सुखी होने की मनोदशा के दूसरे पैमाने भी हैं।

जैसेकि जो मनुष्य केवल अपने सुख का विचार करता है, जिसे दूसरों के सुख की कोई चिन्ता या परवाह नहीं है, वह अन्ततः खुद भी सुखी नहीं हो सकता।

स्वार्थी होना और सुखी होना—ये विरोधी बातें हैं।

क्या मेरे लिए दूसरे व्यक्ति का सुख महत्त्वपूर्ण है? यदि मैं सुखी हूँ और मेरे निकट के लोग दुखी हों तो? क्या इन संयोगों में मैं सुखी रह सकूँगा?

वे सभी जो प्रेम के कच्चे धागे में बँधे हैं, वे अलग से सुखी या दुखी नहीं रह सकते। मेरे स्वजनों का सुख मुझे छुए बिना नहीं रह सकता।

इसलिए जब मनुष्य दूसरों के सुख के लिए प्रयत्न करता है, तब उसके जीवन में भी सुख की मात्रा बढ़ जाती है। जो मनुष्य अपने सिवा किसी और का विचार नहीं करता, वह अन्ततः सब कुछ होने पर भी दुःख का अनुभव करता है।

क्या दूसरों का सुख मेरे लिए आवश्यक है?

सफलता और सुख का सम्बन्ध

हम सभी सफल होना तो चाहते ही हैं
किन्तु हम सफल किसलिए होना चाहते हैं?
बहुत-से लोग ऐसा कहेंगे कि अन्ततः तो
सुखी होने के लिए सफलता पाना चाहते हैं।

यहाँ हम बहुत बड़ी गलती कर बैठते है।

वास्तव में जो मनुष्य सुखी रह सकते हैं
वे अन्ततः सफलता प्राप्त करते हैं।
इसका विपरीत सच नहीं है।

सुख सफलता की चाबी है।
सफलता सुख के लिए गारंटी नहीं है।

यहाँ हम एक अन्य सिद्धान्त को भी याद करें।

बनना, करना और पाना—इनके बीच क्या सम्बन्ध है?

ज्यादातर लोग ऐसा मानते हैं
कि वे खूब काम करेंगे, खूब पाएँगे फिर
वे सुखी हो जाएँगे—यह मान्यता गलत है।

करना-पाना-बनना यह क्रम गलत है।
सही क्रम है बनना-करना-पाना।

अर्थात् मनुष्य जब आनन्दित रहता है, सुखी रहता है
और ऐसी मनोदशा में जब वह कार्य करता है
तो उसके बाद वह जो चाहता है, वह सब उसे मिल जाता है।

सुख है क्षमताओं के सम्पूर्ण उपयोग में

हमने किसी दिन कोई काम न किया हो,
तो भी दिन के अन्त में थकान और ऊब का अनुभव करते हैं।
और दूसरे किसी दिन हमने कड़ी मेहनत की हो,
शरीर और दिमाग, दोनों ही निचुड़ गए हों तो भी
किसी अजब प्रकार के सन्तोष का भाव अनुभव करते हैं।

ऐसा क्यों?

इसके पीछे का रहस्य यह है कि
जब मनुष्य अपनी समग्र क्षमताओं का
सम्पूर्ण उपयोग होनेवाली एकाग्रता से कार्य करता है
तब उसे अत्यन्त सन्तोष और तृप्ति का अनुभव होता है।

यह देने, स्वयं घिसने और विकसित होने का सुख है।

जब हम दुःख या असन्तोष का अनुभव करते हों
तब ऐसा हो सकता है कि हम अपनी क्षमताओं का
उचित और सम्पूर्ण उपयोग न कर रहे हों।

हमारे भीतर जो भी प्रतिभाएँ भरी पड़ी होती हैं
और हम फिलहाल जो कर रहे हैं—
इन दोनों के बीच का अन्तर अर्थात् दुःख।

दूसरे शब्दों में, यदि हमारे अन्दर कोई बेचैनी,
दुःख, असन्तोष की भावना सतत् रहती हो,
तो ऐसा भी हो सकता है कि हम अपनी क्षमताओं का
उचित क्षेत्र में, सम्पूर्ण उत्कटता से उपयोग न करते हों।

कड़ी मेहनत में सुख है, मुलायम जीवन जीने में नहीं।

क्या जीवन में सुख जरूरी है?

ऐसा कहा जाता है कि
यदि मनुष्य के हृदय में भरपूर प्रेम हो
तो वह बिना सुख के भी जी सकता है।

यदि यह सच न हो तो हम
प्रियजनों के दुःख से दुखी होना क्यों पसन्द करते हैं?
यदि कोई हमें चुनने का विकल्प दे कि
परिवारजनों के दुःख में सहभागी होना या फिर
उनके दुःख से दूर होकर अपने सुख को चिपके रहना—
तो हम क्या चुनेंगे?

सुख और प्रेम के बीच चयन करना हो तो...?

सुख की इच्छा से मुक्ति भी
सच्चे सुख के लिए मनोदशा का महत्त्वपूर्ण पैमाना है।

हम सुख किसलिए चाहते हैं?
कई बार अन्तरात्मा का अनुसरण करके कुछ सच्चा करने से
दुःख ही दुःख मिलता है, संघर्ष बढ़ जाता है।
किन्तु यह सब हमें मंजूर होता है
क्योंकि अन्तरात्मा का अनुसरण करने से जो शाति महसूस होती है,
वह तथाकथित सुखी होने से कई गुना अधिक तृप्ति प्रदान करती है।

फिर जब हम असमंजस की स्थिति में होते हैं,
प्रतिकूलता का अनुभव करते हैं, दुखी होते हैं, असन्तुष्ट होते हैं
तब फिर हम कोई ऐसा कदम उठाते हैं कि जो
हमें अपनी शक्तियों का ज्यादा अच्छा परिचय कराती हैं।

सुख अर्पण में ही है...

वास्तव में हमें सुख किससे मिलता है?
क्या हमें कुछ देखने से, छूने से या फिर
दूसरे लोग हमारे लिए क्या करते हैं, इससे सुख मिलता है?

या फिर अन्य लोगों को मदद करने के इरादे से हम
कुछ विचार करें, अनुभव करें या कुछ करें,
इससे हमें सुख प्राप्त होता है?

क्या हमें प्राप्त करने से अधिक सुख मिलता है?
या फिर हमें देने/बाँटने से अधिक सुख मिलता है?

कौन-सा सुख हमें ज्यादा टिकाऊ लगता है?

ईर्ष्या का अर्थ

ईर्ष्या का अर्थ क्या है?

ईर्ष्या किसे नहीं आती?
हो सकता है कि हम सभी को कभी-न-कभी
ईर्ष्या का अनुभव अवश्य हुआ हो।

किसी को अधिक ईर्ष्या होती हो तो किसी को कम
पर ईर्ष्या की वृत्ति तो सभी मनुष्यों के अन्दर है ही।

कभी-कभी हम ईर्ष्या से बाकायदा जलते हैं,
तो कभी-कभी हम मधुर ईर्ष्या का अनुभव करते हैं।

यह ईर्ष्या है क्या?
हम उससे कैसे निपट सकते हैं?

अंग्रेजी में ईर्ष्या के लिए दो शब्दों का प्रयोग किया जाता है :
जेलसी (Jealousy) और एन्वी (Envy)।

गुजराती भाषा में हम 'ईर्ष्या' शब्द के लिए
'अदेखाई' शब्द का प्रयोग भी करते हैं।
'अ-देखाई' का अर्थ है जो हम 'देख न सकें'
जब हम दूसरे व्यक्ति के सुख और प्रगति को
देख नहीं सकते, तब
कह सकते हैं कि हमें उसकी 'अदेखाई' या ईर्ष्या होती है।

कभी-कभी यह ईर्ष्या मधुर और निर्दोष होती है
तो उसे हम डाह (envy) कहते हैं।
किन्तु ईर्ष्या जब तीव्र होती है तो वह समस्या उत्पन्न करती है।

ईर्ष्या की अनुभूति और व्याख्या

ईर्ष्या एक नकारात्मक भावना है
जो हमें अन्दर से जलाती है, खोखला बना देती है।

जब हम किसी व्यक्ति से प्रेम करते हैं
और किसी कारणवश उसके प्रति उपेक्षा की भावना भी अनुभव करते हैं
तब हमें ईर्ष्या का अनुभव होता हैं।
संक्षेप में, ईर्ष्या की भावना 'प्रेम' और उपेक्षा की
एक साथ महसूस होनेवाली उत्कट भावना है।

तो कभी 'हमारे पास कुछ नहीं है' की,
अर्थात् किसी चीज की कमी अनुभव होती है,
वह भी 'ईर्ष्या' की भावना हो सकती है।

कभी-कभी हमें ऐसा लगता हैं कि
हम जिसे बहुत ज्यादा उत्कट प्रेम करते हैं,
वह हमें उतना प्रेम नहीं करता,
और वह हमसे ज्यादा किसी दूसरे को प्रेम करता है।
हमारी यह भावना भी वाकई में ईर्ष्या ही हैं।

ईर्ष्या के इन सभी स्वरूपों के पीछे सामान्य बात क्या है?

जब हम किसी के सुख, किसी की खुशी में
सहभागी नहीं हो सकते तब
हम ईर्ष्या की भावना का अनुभव करते हैं।

संक्षेप में, दूसरों के सुख को अनुभूत करने के स्नायु
जब कमजोर हों तब हम ईर्ष्या का अनुभव करते हैं।

ईर्ष्या करती क्या है?

जिस प्रकार क्रोध से इनसान अपने-आप को ही नुकसान पहुँचाता है
उसी प्रकार मनुष्य ईर्ष्या से भी अपने को ही हानि पहुँचाता है।

ईर्ष्या में मनुष्य दूसरों के सुख को देख नहीं सकता।
अन्य के सुख में वह आनन्द का अनुभव नहीं कर सकता।
दूसरों के सुख को देखकर वह अन्दर से दुखी होता है।
वह भीतर ही भीतर जलता है, तकलीफ का अनुभव करता है।

और फिर ऐसा भी हो सकता है कि
वह मनुष्य दूसरों के सुख का नाश करने की भी कामना करे।
स्वयं जिस सुख को देख नहीं सकता उसके अन्त की कामना करे।

यदि वास्तव में ऐसा हो जाए तो मनुष्य दूसरों को तो
नुकसान पहुँचाता ही है, किन्तु साथ-साथ खुद को भी हानि पहुँचाता है।

हम ऐसा कहते हैं कि
प्रेम अन्धा होता है।

वास्तव में 'प्रेम' नहीं, किन्तु
ईर्ष्या तो जरूर अन्धी होती है।
वह खुद भी खत्म होना चाहती है
और दूसरों को भी खत्म करना चाहती है।
'ईर्ष्या' यह नहीं देख सकती कि
उसकी वजह से आखिर में सभी को नुकसान हो रहा है।

ईर्ष्या की भावना प्रेम की उपस्थिति जरूर सूचित करती है।
परन्तु यह प्रेम शुद्ध और सच्चा नहीं होता।
ईर्ष्या प्रेम की जगह 'स्वप्रेम' अधिक दर्शाती है।

प्रेम से जन्म लेती है, परन्तु प्रेम बिना रहती है

ईर्ष्या की भावना का जन्म सम्भवतः प्रेम से होता है।
हम जिसे अत्याधिक प्रेम करते हैं
उसी की ओर हम अत्याधिक ईर्ष्या का अनुभव करते हैं।

परन्तु ईर्ष्या की भावना अन्ततः हमें
हमारे प्रेम के विषय से दूर ही ले जाती है।
ईर्ष्या प्रेम में से जन्म लेती है, फिर भी अन्त में प्रेम के बिना ही रहती है।
ऐसा होना बड़ा स्वाभाविक भी है कि
प्रेम से जन्मी ईर्ष्या अन्ततः प्रेम के बिना ही मर जाती है।

यह वास्तव में बहुत करुणामय बात है।
ऐसा क्यों होता है?

सच्चा प्रेम हमेशा मुक्त करना चाहता है।
सच्चा प्रेम कभी किसी को बाँधना नहीं चाहता।
सच्चा प्रेम सामनेवाले व्यक्ति के सुख में ही
अपना सच्चा सुख देखता है।

परन्तु ईर्ष्या में ऐसा नहीं होता।
ईर्ष्या सामनेवाले व्यक्ति के सुख में सुखी नहीं हो सकती।
वह सामनेवाले व्यक्ति को बाँधती है, रोकती है, टोकती है...
वह सच्चे प्रेम की तरह मुक्त नहीं कर सकती।

परन्तु यूँ बँधना किसी भी व्यक्ति को अच्छा नहीं लगता,
इसीलिए वह व्यक्ति ईर्ष्या करनेवाले से दूर ही रहना पसन्द करता है।

ईर्ष्या है असन्तोष और असुरक्षा

यदि हम ईर्ष्या की भावना को गहराई से परखें तो
हमें यह समझ में आता है कि अपनी ही किसी कमी के कारण
हम ईर्ष्या का अनुभव करते हैं।

हमारे भीतर क्या कमी हो सकती है?

शायद हमें अपने-आप से कोई असन्तोष होता है।
हम आत्मसम्मान, आत्मविश्वास महसूस नहीं करते।
हम अपने-आप से खुश नहीं होते।

जब हम खुद अपने-आपको
स्वीकार न कर सकते हो तो फिर
दूसरा कोई हमें स्वीकार करेगा क्या?

यदि हम अपने से खुश न रह सकते हों
तो फिर हमसे दूसरे लोग खुश रहें
ऐसी अपेक्षा परिपूर्ण होने की सम्भावना कितनी होगी?

यदि हम किसी भी प्रकार की असुरक्षा से पीड़ित हों,
और उस पीड़ा को समझने की जगह स्वयं को तथा दूसरों को
हानि पहुँचाने की कोशिश करें तो उससे क्या समस्या सुलझेगी?

क्या है ईर्ष्या का उपाय, ईर्ष्या का समाधान है?

ईर्ष्या का उपाय है मांसपेशियों का व्यायाम

हमने देखा कि ईर्ष्या अर्थात्
दूसरों के सुख में सुखी हो पाने में अक्षमता।
यह अक्षमता कभी भी स्थायी कमी नहीं होती।
जैसे शरीर की मांसपेशियाँ अत्यन्त कमजोर हों,
तो उन्हें नियमित व्यायाम से मजबूत बना सकते हैं,
और फिर वे वजन उठा पाने में सक्षम बनती हैं
उसी प्रकार 'ईर्ष्या' के विषय में भी सक्षमता सम्भव है।

यदि हम धीरे-धीरे दूसरों के सुख में
सुख अनुभव करने का अभ्यास करें तो ईर्ष्या दूर हो जाती है।

यह अभ्यास किस प्रकार करें?
इसके लिए मुख्य तीन चरण हैं।

प्रथम चरण में सर्वप्रथम जब भी हमें
ईर्ष्या की भावना उत्पन्न हो तब उसके प्रति सजग होना है।
हम ईर्ष्या से आचरण कर बैठें उससे पहले ही
ईर्ष्या की भावना को पहचानना और परखना है।

दूसरे चरण में हमें दूसरे लोगों के सुख में या खुशी में
शामिल होकर, उसका हृदय से आनन्द लेना सीखना है।

तीसरे चरण में हमें अपने इस प्रयत्न को
दूसरों के सामने प्रकट करके अभ्यास पूरा करना है।

ईर्ष्या निवारण के उदाहरण

मान लीजिए कि मुझे अपनी बहन से ईर्ष्या होती है।
हमेशा बहन को देखते ही मुझे द्वेष की भावना होती है।

सबसे पहले मैं सजग होने की कोशिश करता हूँ।
बहन के प्रति ईर्ष्या की भावना मुझमें क्यों पैदा होती है?
बहन हमेशा खुश रहती है, उसका पारिवारिक जीवन सुखी है,
वह शारीरिक रूप से चुस्त और स्वस्थ है इसलिए...?

बहन के किस सुख से, बहन की किस खुशी से मुझे ईर्ष्या होती है?
और फिर मुझमें यह भावना क्यों पैदा होती है?
क्या मैं अपने पारिवारिक जीवन से या स्वास्थ्य से खुश नहीं हूँ?

एक बार यों सजग होने के बाद मैं विचार करूँगा
कि मैं बहन से सच्चा प्रेम करता हूँ तो फिर
उसकी खुशी में मुझे खुशी का अनुभव करना है।

किन्तु ऐसा तो तभी सम्भव है यदि मैं
सर्वप्रथम अपने-आप से खुश रह सकूँ,
और मैं अपने पास जो कुछ भी है उसकी कद्र कर सकूँ
तभी मैं अपने-आप से खुश रह सकता हूँ।

और अन्त में, मैं फिर अपनी बहन से भेंट लेता हूँ
उसे मिलता हूँ तब वह कितनी खुश है तथा उसकी खुशी से
मैं कितनी खुशी का अनुभव करता हूँ, यह मैं उसे हृदयपूर्वक बताता हूँ।

ऐसा करने से इन मांसपेशियों की कसरत शुरू होती है।

बिना प्रेम की ईर्ष्या से बिना ईर्ष्या के प्रेम तक

जब मैं बार-बार इस प्रकार अभ्यास करता हूँ
तब धीरे-धीरे मेरी ईर्ष्या की भावना कम होती जाती है।
मैं जैसे-जैसे अधिक कृतज्ञता अनुभव करता हूँ,
अधिक आत्मसम्मान और आत्मविश्वास का अनुभव करता हूँ,
वैसे-वैसे मेरी ईर्ष्या की भावना घटती जाती है।

जैसे-जैसे मैं ऐसा समझता हूँ
कि दूसरों के दुःख और खुशी में शामिल होने से
अन्ततः मैं अपने ही सुख/खुशी में वृद्धि करता हूँ
वैसे-वैसे अन्ततः मैं बिना ईर्ष्या के प्रेम का अनुभव करता हूँ।

दु:ख का अर्थ

सुखी होने के लिए दु:ख की समझ होनी जरूरी है

हर मनुष्य अन्ततः सुखी होना तो चाहता ही है।
सुखी/खुशी होने के लिए 'सुख का अर्थ' जानना
और यह समझना 'सुखी कैसे हो सकते है?' जितना जरूरी है,
उतना ही 'दु:ख का अर्थ' जानना और
'मनुष्य दुखी कैसे होता है' यह समझना जरूरी है।

जैसे सुख और आनन्द में रहने के रहस्य हैं
वैसे ही दु:ख और पीड़ा के निवारण के भी रहस्य हैं।
दु:ख का अर्थ, उसे समझे बिना उसका निवारण करना
या फिर सुखी होना सीखना सम्भव नहीं है।

मनुष्य दुखी क्यों होता है?
किसी-न-किसी कारण से मनुष्य दुखी क्यों रहता है?

दुखी होने या रहने का शौक तो किसी को नहीं होता।
कोई भी व्यक्ति दु:ख नहीं चाहता
फिर भी दु:ख जैसे पीछा छोड़ता ही नहीं!
कभी ऐसा लगता है कि अच्छा हुआ, अब दु:ख गया...
और फिर वापस किसी-न-किसी बहाने
जीवन में दु:ख आ ही जाता है।

क्या जीवन में से दु:ख को हमेशा के लिए दूर करना सम्भव है?
या फिर मनुष्य के ललाट पर ही दु:ख लिखा हुआ है?

इन सब प्रश्नों का उत्तर पाने के लिए दु:ख को समझना ही पड़ेगा।

दुःख यानी पीड़ा?

दुःख का अर्थ क्या है?
हमें एक ही तरह की बहुत-सी अनुभूतियाँ होती रहती हैं।
दुःख, पीड़ा, शोक...इन सबके बीच क्या अन्तर है?

ये अनुभूतियाँ एक प्रकार की, एक ही वर्ग की होंगी।
किन्तु इन सबमें कोई-न-कोई भिन्नता है।

प्रत्येक दुःख पीड़ा होता है, परन्तु
प्रत्येक पीड़ा दुःख नहीं होती।
लकवा के मरीज को लकवाग्रस्त अंग में पीड़ा का अनुभव हो
तो उसे दुःख नहीं, सुख ही होगा न?
साथ ही, शोक किसी की मृत्यु का दुःख है
प्रत्येक शोक एक दुःख है, परन्तु प्रत्येक दुःख शोक नहीं होता।

इस विषय का वर्णन दूसरी तरह से करें तो
हमारा मूलभूत अनुभव दुःख का नहीं,
परन्तु वास्तव में वेदना या पीड़ा का होता है।
पीड़ा दुखदायक या सुखदायक भी हो सकती है।

उसी प्रकार से पीड़ा आवश्यक या फिर अनावश्यक भी हो सकती है।
हम आवश्यक पीड़ा को वेदना और
अनावश्यक पीड़ा को दुःख कह सकते हैं।

इसलिए जब भी हमें पीड़ा हो तब
सबसे पहले हमें इस विषय के प्रति सजग होना चाहिए
कि यह पीड़ा आवश्यक है या अनावश्यक?
यदि पीड़ा के पीछे कोई संकेत हो, हमें कुछ समझना हो
तो उसे समझने के बाद पीड़ा दूर हो जाती है।

दुःख और वेदना के बीच का भेद

यदि पीड़ा जरूरी हो तो हम उसे वेदना कह सकते हैं।
हमारे निकट के परिवारजनों या मित्र पर कोई विपत्ति हो,
यदि वे दुखी हों तो हम भी वेदना का अनुभव करते हैं।
कभी ऐसा भी हो सकता है कि हम उनके दुःख को दूर करने के लिए,
उन्हें किसी तरह की सहायता करने के लिए कुछ विशेष नहीं कर पाते।
ऐसी परिस्थिति में हमें वेदना तो होती ही है,
जिसे उनके प्रति अपने प्रेम के कारण हम सहन करना पसन्द करेंगे।

परन्तु कई बार पीड़ा आवश्यक नहीं होती।
उदाहरण हम अपने किसी परिजन या मित्र को
रातोंरात सुधारना चाहते हों तो वह सम्भव नहीं है।

परिजन या मित्र के दुर्व्यवहार से वेदना हो वह ठीक,
किन्तु उनके तत्काल न बदलने से जो पीड़ा होती है,
यह आवश्यक नहीं है और इसीलिए वह दुःख है।

यह दुःख हमारी अज्ञानता के कारण होता है।

हम किसी को भी रातोंरात क्यों बदलना चाहते हैं?
क्योंकि हम यह मान बैठे होते हैं
कि इस तरह तत्काल किसी को बदलना सम्भव है,
और हम खूब प्रयत्न करके वैसा कर सकेंगे।
किन्तु हमारी यह मान्यता गलतफहमी है।
और अन्ततः हमारी इसी अज्ञानता से ही
हमारी अपेक्षाओं का जन्म होता हैं और वे हमें दुखी करती हैं।

दुःख केवल आदत हो सकता है?

यह सच है कि किसी को भी दुखी होने का शौक नहीं होता।
किन्तु उदास होना या दुखी रहना,
यह हमारी आदत अवश्य हो सकती है।

कोई भी आदत कैसे पड़ती है?
जो कार्य हम बार-बार करते हैं उसी से आदत पड़ती है।
आदत तो पतले धागों से बने रस्से के समान है।
बार-बार एक ही बात का दोहराव करने से/होने से
अन्ततः वह मजबूत रस्से जैसी आदत बन जाती है।

दुखी बनना और उदास रहना,
हर बात में से आखिर में दुःख ही खोजना
हमारी आदत हो सकती है।

हम अनेक ऐसे किस्से देखते हैं
जहाँ मनुष्य चाहे जैसी अनुकूल परिस्थिति में भी
अन्ततः दुखी ही होता रहता है और
हमें आश्चर्य होता है कि इसमें दुखी होने जैसा क्या है?

जैसेकि विद्यालय के किसी विद्यार्थी का दूसरा नम्बर आए
तो वह एकदम दुखी हो जाता है क्योंकि
वह मात्र एक क्रमांक से ही प्रथम नहीं आया।
किन्तु बड़ी मुश्किल से पास होनेवाले दूसरे छात्रों को
यह समझ में ही नहीं आता कि खुश होने की जगह
उस विद्यार्थी को दुखी होने की क्या आवश्यकता है!

प्रत्येक परिस्थिति में से नकारात्मक ढूँढ़ निकालने की
आदत ही सम्भवतः दुखी होने की आदत होगी।

दुःख अर्थात् गलत मान्यताएँ-धारणाएँ

हमारे बहुत सारे दुःखों के मूल में
हमारी गलत मान्यताएँ होती हैं।

कभी-कभी कोई हमारे सामने नहीं देखता है,
या हम पर ध्यान नहीं देता,
तब भी हम दुखी हो जाते हैं। क्यों?
क्योंकि हम ऐसा मानते हैं कि
कुछ व्यक्तियों को हम पर हमेशा ध्यान देना चाहिए,
और वे ध्यान न दें तो उसका अर्थ यह हो सकता है
कि उन्हें हमारी परवाह नहीं, हमारे प्रति प्रेम नहीं है,
और फिर इससे हम दुखी हो जाते हैं।

परन्तु वास्तविकता अलग हो सकती है या नहीं?

ऐसा भी हो सकता है कि वह व्यक्ति अपनी ही किसी बात में
अपनी ही किसी समस्या में, चिन्ता में डूबा हो,
इसलिए उसका ध्यान हमारी तरफ न हो?

इसलिए हम जब-जब दुखी हों
(अर्थात् हमें होनेवाली पीड़ा अनावश्यक लगे)
तब हमें उस दुःख के पीछे की अपनी
मान्यता और धारणाओं को पहचानना, जाँचना चाहिए।

यदि हमें ऐसा लगने लगे कि हमारी यह
मान्यता-धारणा वास्तविक नहीं हैं, उचित नहीं हैं
और उसे समझने के बाद हमारी ये मान्यताएँ बदल जाएँ
तो गलत मान्यताओं से उत्पन्न दुःख खत्म हो जाता है।

दुःख की जड़ : कोई मुझे सुखी करेगा...

हम बार-बार दुखी होते हों
तो उसके पीछे दूसरा एक मूल कारण यह हो सकता है
कि हमने सुख को सशर्त बना दिया हो।

उदाहरणतः मेरे पास धन हो तभी मैं सुखी होऊँगा,
मेरे पास मेरा अपना मकान हो, गाड़ी हो,
ज्यादा बड़ा मकान हो, और अच्छी गाड़ी हो,
कोई मुझे सुख देने के लिए अमुक-तमुक करे,
कोई दूसरे को सुख देने के लिए अमुक-तमुक न करे...
इत्यादि हो जाए, तभी मैं सुखी होऊँगा।

जब हम सुख को इस प्रकार सशर्त बना देते हैं
तब आखिरकार हम दुःख का शिकार हो जाते हैं।

हमें यह समझना चाहिए कि
आखिरकार कोई हमें सुखी नहीं कर सकता।
हमें खुद ही सुखी होना होता है।

उसी प्रकार सुख के लिए कोई शर्त होना जरूरी नहीं है
क्योंकि शर्त मात्र ही दुःखों की जड़ है।

मेरे पास चाहे कुछ हो या न हो,
मैं सुखी, सन्तुष्ट और आनन्दित रह ही सकता हूँ।
मुझे जो कुछ भी चाहिए, उसे प्राप्त करने के लिए मैं प्रयत्न अवश्य करूँ।
उसके लिए मैं अपनी समस्त क्षमताओं और शक्तियों का उपयोग करूँ,
किन्तु अपने सुख को उसकी प्राप्ति पर मैं आश्रित न बनाऊँ।
क्योंकि इस समय मैं जो हूँ, जहाँ हूँ, मेरे पास जो कुछ भी है,
उससे मैं सुखी रह सकता हूँ, रह ही सकता हूँ।

दुःख की जड़ : सुख के पीछे की दौड़

मनुष्य को सुख की भी सनक होती हैं,
इसलिए वह दुःख को—पीड़ा मात्र को अनावश्यक मान लेता है।
उसे वेदना का अनुभव नकारात्मक और अनिच्छनीय लगता है।
वह ऐसा चाहता है कि उसे वेदना होनी ही नहीं चाहिए।
उसे हमेशा बस सुख ही सुख होना चाहिए।

और इस तरह उसका मन सुख के पीछे भागता है।
जीवन का यह नियम है कि आप जिसके पीछे भागते हो,
वह आपसे दूर भागता है और
आप जिससे दूर भागने की कोशिश करते हो,
वह आपका पीछा छोड़ता ही नहीं।

इसलिए सुख का लगाव भी दुःख का कारण है।
सुख की होड़ और सनक दुःख का कारण बनती है।

वास्तव में मनुष्य का लक्ष्य उसकी अन्तरात्मा का अनुसरण करना,
जीवन में सत्य की निष्ठापूर्वक खोज करना,
जीवन को प्रेमपूर्वक जीना होना चाहिए और
यह सब कुछ करने में ही उसका सच्चा सुख होना चाहिए।

दूसरें शब्दों में कहें, तो सुख जीवन में
सही तरह से जीने का गौण उत्पाद बने रहना चाहिए।
यदि मनुष्य की प्राथमिकता सुख न रहे,
तो सुख की सनक खत्म हो जाती है और
उस सनक से जन्मा दुःख भी चला जाता है।

पीड़ा सहन करने में भी सुख

मनुष्य जितनी उत्कट पीड़ा सहन कर सकता है
उतनी ही गहराई से आनन्द को भी अनुभव कर सकता है।
पीड़ा से भागनेवाला गहन सुख को कभी नहीं जान सकता।

मनुष्य के अन्दर पीड़ा और वेदना सहन करने की
असीम और अनन्त क्षमता है।
जब हम सहन करना सीखें
सहन करते-करते शान्त और प्रसन्न रहना सीखें,
तब दुःख का अनुभव अप्रिय या नकारात्मक नहीं रहता।

दुःख की ये दास्ताँ कैसी अजब है!
क्या है दुःख! कहाँ है दुःख!

लोभ का अर्थ

लोभ का अर्थ क्या है?

हम जानते हैं कि लोभ अच्छी वस्तु नहीं है।
परन्तु लोभ की वृत्ति मनुष्य मात्र में विद्यमान रहती है।
नन्हें और नादान बालकों में भी हम
कई बार लोभ की वृत्ति को काम करते देख सकते हैं।

यह लोभ वाकई में क्या है?

क्या लोभ हमेशा खराब ही होता है?

क्या अपनी लोभ वृत्ति से छुटकारा पाना सम्भव है?
लोभ-वृत्ति को कैसे नियंत्रित करें?

आँचलिक भाषा में कहें तो
लोभ यानी अधिक-से-अधिक की लालसा।
लोभ यानी मनुष्य को जो मिलता है
उससे सन्तोष नहीं है, तृप्ति नहीं है।
उसे अभी भी और अधिक चाहिए।

और यह अधिक-से-अधिक पाने की कामना
कभी भी सन्तुष्ट न हो, इसका नाम लोभ।

परन्तु क्या इसका अर्थ ऐसा होगा
कि कभी-भी, कुछ भी अधिक पाने की इच्छा ही नहीं करनी चाहिए?
क्या अधिक पाने की इच्छा करना खराब है?

किन्तु अधिक की इच्छा न हो तो
अनेक जगहों पर विकास कैसे होगा?

लोभ अर्थात् तृप्ति का अभाव

आपने लियो तोल्स्तोय की वो कहानी सुनी होगी।

प्राचीन काल में एक नगर के राजा
एक मनुष्य को जमीन भेंट में देने का निश्चित करते हैं।
सुबह से लेकर शाम तक वह मनुष्य
जितनी जमीन के आसपास चक्कर लगा ले
वह पूरी जमीन उसे भेंट में मिलनी थी।

वह आदमी भोर से दौड़ना शुरू करता है।
मध्याह्न होने पर उसे चक्कर पूरा करके वापस लौटना था।
किन्तु 'थोड़ा और बड़ा' चक्कर काटने के लिए वह आगे दौड़ता है।
अन्ततः वह निश्चित समय पर वापस नहीं आ पाता,
अन्तिम घड़ी में वह थकान के मारे गिरकर मृत्यु पाता है।

अन्ततः इस आदमी को हजारों एकड़ जमीन की जगह
दो गज जितनी जमीन में दफनाया जाता है।

मनुष्य का लोभ उसकी क्या हालत करता है,
उसे समझाना ही इस सुन्दर कहानी का उद्देश्य है।

लोभ यानी अन्ततः हमारे भीतर सन्तोष का अभाव।
हमारे पास जितना भी हो, क्या हम
उसका आनन्द ले सकते हैं—सन्तोष महसूस कर पाते हैं?

जिसके पास कुछ नहीं है उसे हजारों रुपये चाहिए।
हजारों हैं तो उसे लाखों, लाखों हैं तो उसे करोड़ों...
क्या इसका कभी-भी, कोई अन्त हो सकता है सही?

मनुष्य के पास किसी भी परिस्थिति में सन्तोष और तृप्ति से
जीने की क्षमता हो तो वह लोभ का भोग नहीं बनता।

सच्ची समृद्धि किस चीज में है?

हमें बहुत कुछ चाहिए होता है और समृद्ध होना है
परन्तु हम यह नहीं जानते कि ये दोनों बातें
परस्पर बिलकुल अलग, एकदम भिन्न हैं।

बहुत अधिक प्राप्त करने एवं संग्रह करने से
कोई मनुष्य समृद्ध नहीं हो जाता।
कंजूस मनुष्य का पिटारा या बैंक बैलेंस समृद्ध होगा
किन्तु इससे कंजूस व्यक्ति समृद्ध नहीं हो जाता है।

उसके विपरीत, जिसके पास कुछ भी नहीं है,
वह मनुष्य भी भीतर से अत्यन्त समृद्ध हो सकता है।

तो क्या धन-दौलत का कोई मतलब या हेतु नहीं है?

हमारी चर्चा का सार बिलकुल ऐसा नहीं है
कि धन-दौलत का कोई मतलब या हेतु नहीं है।

परन्तु चाहे जितनी धन-दौलत या भौतिक समृद्धि हो,
मनुष्य अन्दर से एकदम कंगाल या दरिद्र हो सकता है।

एक अमरीकी सर्वेक्षण का यह सार है कि
अत्यन्त धनवान व्यक्ति अपनी सम्पत्ति का जितना भाग दान करते हैं,
उससे कई अधिक आय का प्रतिशत मध्यम वर्ग दान करता है।
तो फिर सही अर्थ में धनी या समृद्ध किसे कहेंगे?

मनुष्य की आन्तरिक समृद्धि और सन्तुष्ट जीवन का
उसकी धन-दौलत या सम्पत्ति के साथ विशेष सम्बन्ध नहीं है—
हम कैसी-भी परिस्थिति, संयोगों में आनन्दपूर्वक जी ही सकते हैं।

लोभ किसी प्रकार का डर है?

हम थोड़ा अधिक गहराई से विचार करें।
जब हम अपने भीतर लोभ का अनुभव कर रहे होते हैं
उस समय हम निश्चित रूप से क्या अनुभव करते हैं?

ध्यानपूर्वक स्वनिरीक्षण करें और समझने की कोशिश करें।
तो शायद ऐसा लग सकता है कि लोभ की भावना
किसी प्रकार का डर—कुछ छिन जाने का भय हो सकता है।

हमारे पास बहुत कुछ—पर्याप्त होने पर भी
हम 'अधिक और अधिक' के पीछे क्यों दौड़ते हैं?
क्या हमें यह लगता हैं कि इतना पर्याप्त नहीं है?
हमें ऐसा क्यों लगता है कि इतना अपर्याप्त है?

शायद हमारे पास जितना है, उसकी हमें कद्र नहीं है।
लोभ यानी जो है उसकी कद्र न होना।
कद्र न हो तो फिर धन और प्रेम :
सभी हमें हमेशा कम ही पड़ते हैं।

और इसी कमी की भावना से हमारे भीतर
एक प्रकार की असुरक्षा की भावना पैदा होती है।
मुझे पर्याप्त नहीं मिला तो? मेरा यह भी छिन जाएगा तो?
और फिर इस डर से हम 'अधिक-से-अधिक' की ओर भागते हैं।

परन्तु हमारे पास जो है, उसकी अगर हम कद्र करें,
हम उसके लिए कृतज्ञता और सन्तोष अनुभव करें,
तब फिर यह लोभ-डर-असुरक्षा हमें परेशान नहीं करती है।

लोभ प्रेम का विरोधी है

लोभ यानी प्राप्त करना—अधिक-से-अधिक पाना!
प्रेम यानी देना—अधिक-से-अधिक देना!

इससे कहा जा सकता है कि लोभ और प्रेम
परस्पर विरोधी संकल्पना और घटनाएँ हैं।

इसका अर्थ ऐसा भी हो सकता है न
कि जहाँ लोभ है वहाँ प्रेम नहीं होता तथा
जहाँ प्रेम है वहाँ लोभ के लिए अवकाश नहीं रहता?

जब हम देना चाहते हैं
अधिक-से-अधिक बाँटना और अर्पण करना चाहते हैं
तब हमारे अन्दर संकुचित लोभ की वृत्ति नहीं रह सकती।

यानी इसका अर्थ ऐसा भी हो सकता है कि
लोभ का उपचार प्रेम है।

गुजराती कवि हरीन्द्र दवे की एक उक्ति है, जिसका भाव है :
किसी का प्रेम हमारे लिए कभी-भी कम नहीं होता
हमारी अपेक्षाएँ ही बहुत ज्यादा होती हैं।

यह बहुत ज्यादा अपेक्षाएँ लोभ की वृत्ति से ही प्रेरित होंगी?
जितना प्रेम है उसकी कद्र नहीं है इसलिए
हम अधिक-से-अधिक प्रेम की माँग करते हैं।
और ऐसा करने से जितना प्रेम है उतना भी
हमारे पास से चला जाता है।

प्रत्येक बात में लोभ का अन्तिम परिणाम ऐसा ही होता है।

लोभ, सम्पत्ति और स्वामित्व भाव

प्रारम्भ में हमने देखा कि धन-सम्पत्ति पर
सन्तोष और आनन्द किसी भी प्रकार से आधारित नहीं हैं।
किसी भी परिस्थिति में यह सन्तोष और आनन्द का अभाव ही
वाकई में लोभ है, जो मनुष्य को हमेशा दुखी करता है।

'सम्पत्ति होना' और 'स्वामित्व होना',
दोनों एकदम अलग बातें हैं।
ऐसा हो सकता है कि किन्हीं दो आदमियों के पास एकसमान सम्पत्ति हो,
किन्तु एक का स्वामित्व भाव (possessiveness)
दूसरे व्यक्ति की अपेक्षा अनेक गुना हो।

'स्वामित्व भाव' यानी 'मेरा होने' का भाव।
जो 'मेरा' है उसे किसी को देना मुझे अच्छा नहीं लगता।

स्वामित्व भाव यानी सम्पत्ति के साथ 'स्व' का योग।
हम भौतिक वस्तुओं के साथ अपने-आप को जोड़ देते हैं।
भौतिक वस्तुओं को हम अपनी पहचान बना देते हैं।

बाद में यदि वह वस्तु-सम्पत्ति गँवा दें या चोरी हो जाए,
तो हमें ऐसा लगता हैं कि
हम ज्यादा 'गरीब' या 'कंगाल' हो गए।

हम वस्तुओं को भीतर से जितना पकड़े रखते हैं
उसके कारण हम उतना ही अधिक दुःख का अनुभव करते हैं।

परन्तु सम्पत्ति होना यानी स्वामित्व भाव होना यह जरूरी नहीं।

ऐसा भी हो कि किसी भगवाधारी साधु को अपनी झोली के प्रति
इतना स्वामित्व भाव हो जितना किसी धनवान को भी न हो।

लोभ ही है अनिष्टों की जड़

ऐसा कहते हैं न कि धन के लिए सनक ही
अन्ततः दुनिया के सारे अनिष्टों की जड़ है?

जब मनुष्य को सन्तोष न हो, तृप्ति न हो,
जब उसे किसी भी कीमत पर ज्यादा से ज्यादा चाहिए,
तब वह ज्यादा पाने के लिए गलत रास्ते भी अपनाता है।
वह स्वयं ज्यादा पाने के लिए दूसरों को हानि पहुँचाने में हिचकता नहीं।

दुनिया में जितने भी प्रपंच, छल-कपट और अनिष्ट घटित होते हैं,
उन सबके पीछे किसी-न-किसी प्रकार से लोभवृत्ति काम करती है।
पैसों का लोभ, कीर्ति का लोभ, प्रेम का लोभ, सम्पत्ति का लोभ :
ये सब आखिरकार मनुष्य को बरबादी की ओर ले जाते हैं।

गांधी जी ने कहा था कि,
इस पृथ्वी पर मनुष्य की
आवश्यकताओं की पूर्ति हेतु पर्याप्त है;
परन्तु मनुष्य के लोभ की पूर्ति हेतु पर्याप्त नहीं है।

There is enough on this earth
For every man's need, but not
For every man's greed.

पृथ्वी पर आज कैसे-कैसे विरोधाभासी दृश्य हैं?
अमीरों के गोदाम भरे पड़े हैं, भोजन की बरबादी हो रही है,
जबकि दूसरी ओर एक वक्त के खाने के लिए भी लोग तड़पते हैं।

शायद लोभ से ही अन्ततः ऐसे भेदभाव उत्पन्न हुए हैं।

लोभ को लगाम नहीं...

लोभ यानी जैसे बिना ब्रेक की गाड़ी :
एक बार गाड़ी शुरू हुई और गतिमान हुई,
कि फिर गाड़ी खड़ी नहीं रह सकती।
आखिरकार दुर्घटना और सर्वनाश ही होता है।

लोभ यानी सन्तोष और तृप्ति के लिए
मनुष्य की ऐसी दौड़
जिसमें सन्तोष और तृप्ति कभी नहीं मिलते।
क्योंकि जिस सन्तोष और तृप्ति के लिए
हम दौड़ रहे होते हैं वे तो
हमारे भीतर ही पड़े हुए हैं।

शब्द सूची

यह पुस्तक मूल रूप में गुजराती भाषा में लिखी गई है। हिन्दी में अनुवाद करने का हमने निष्ठावान प्रयत्न किया है, फिर भी कुछ शब्द और उनके अर्थों की सूची यहाँ दे रहे हैं :

गुजराती	अंग्रेजी	हिन्दी भावार्थ
ભાવ	Positive Emotions	भाव
ભાવપ્રધાન ભાવનાશાળી	A person who lives with positive emotions	भावसभर
લાગણીઓ	Emotions, Feelings, Sentiments	भावनाएँ
લાગણીશીલ	Sentimental	भावुक
સંવેદના	Sensations (through senses at physical or at mental level)	संवेदना
સંવેદનશીલ	Sensitive	संवेदनशील
સહાનુભૂતિ	Empathy	सहानुभूति
દયાનુભૂતિ	Sympathy	दयानुभूति